초등 사회 진짜 문해력

6-2

창비

초등 사회 진짜 문해력

6-2

배성호
곽혜송
신봉석
이우철

창비

머리말

《초등 사회 진짜 문해력》을 펼친 여러분을 환영합니다! 낯선 곳에 갈 때 친구나 선생님과 함께 간다면 어떤 마음이 들까요? 선생님들은 어렵다고 느꼈던 **사회를 쉽고 알차게 만날 수 있도록 돕는 길동무 같은 책**이 되길 바라는 마음으로 이 책을 만들었어요.

'사회 교과서'라고 하면 여러분은 어떤 생각이 떠오르나요? 다양한 생각이 떠오를 수 있어요. 선생님이 교실에서 물어보면 어렵고 딱딱하다고 답하는 친구들이 많았어요. 그건 정치부터 경제, 지리, 역사, 법 등등 사회 교과서에서 다루는 내용들이 다양하고 많아서일 수 있어요. 또 교과서에는 분명 설명이 쓰여 있지만 단 한 줄로만 정리되어 있어서 자세하지도 친절하지도 않은 것 같은 느낌이 들기 때문일 수도 있고요. 그러다 보니 당황스러울 때가 있었을 거예요. 하나하나 다 물어보기도 그렇고, '혹시 나만 모르는 것은 아닐까?'라는 생각을 할 수도 있잖아요. 실제로 이런 경우가 참 많답니다.

사실 교과서는 책의 분량이 정해져 있어서 친절하고 자세한 설명을 모두 담기 어려워요. 이건 학생들뿐만 아니라 교과서로 직접 여러분을 가르치시는 선생님들도 아쉬워하는 부분이랍니다. 그래서 이 책을 쓴 선생님들은 이런 상황을 어떻게 풀어 보면 좋을지 고민했어요.

만약 **선생님이 여러분 곁에서 실제 수업을 하듯이 차근차근** 교과서에서 다룰 핵심 내용들을 안내해 주면 어떨까요? 이 책을 함께 쓴 선생님들은 여러분 또래 친구들이 어려워하는 부분들을 수업에서 찾고, 생생한 사례를 생활 속에서 모으기 시작했어요. 그리고 그것을 책으로 담아내었어요.

책을 읽다 보면 왜 그런 개념이 나왔는지 자연스럽게 **여러분 스스로 생각하고, 내용을 이해할 수 있을 거예요.** 무엇보다 사회는 우리가 평소 살아가는 생생한 생활 이야기를 담고 있기 때문이에요. 시장과 마트 등에서 물건을 사고, 스마트폰을 사용하고, 교통수단을 이용하는 등등 생생한 이야기들이 바로 사회이기 때문이지요. 우리가 살아가는 세상 이야기와 또 재밌는 역사 이야기 등을 나누면서 열어 간 수업을 **교과서 진도에 맞춰 학년과 학기에 맞춰** 책으로 펼쳐 내었어요. 이 책과 함께 하면 사회 교과서를 읽을 때 살아 숨 쉬는 세상과 마주할 수 있을 거예요. 그래서 이 책의 이름을 《초등 사회 진짜 문해력》이라고 이름 붙였어요.

요즘 문해력이라는 말이 우리나라뿐만 아니라 세계적으로 널리 사용되며 주목받고 있답니다. 문해력은 글을 읽고 이해하는 능력이라는 뜻이에요. 한글은 누구나 쉽게 배워 익힐 수 있게 만든 문자이지요. 덕분에 우리는 쉽게 글을 읽고 쓸 수 있어요. 하지만 정작 현재 사회 교과서의 글은 그 내용이 과연 어떤 것인지 쉽게 파악하기 어려워요. 그 안에는 정치, 경제, 사회, 문화, 역사, 지리 같이 다양한 내용들을 압축해서 담았기 때문이에요. 어렵고 딱딱하게 느껴진 **사회 교과서를 여러**

분이 진짜 제대로 읽고 이해할 수 있도록 하는 '사회 문해력'을 키우는 것이 이 책의 목표예요.

실제로 이 책을 쓴 선생님들은 직접 여러분들이 학교에서 마주했던 사회 교과서와 지역 교과서 등을 집필하였고, 다채로운 수업을 열어 왔어요. 또 전국의 선생님들과 10여 년 넘게 꾸준히 모여 연구하면서, 지금 이 시간에도 여러분 또래 친구들과 함께하고 있답니다. 여러분이 이 책을 즐겁게 읽으며 생활 속 생생한 이야기로 마련된 사회 과목에 흥미를 느끼면 좋겠어요. 이 책을 벗 삼아 세상의 주인공으로 여러분이 성장하길 응원하면서 인사드립니다.

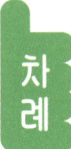

머리말 • 5

1. 세계 여러 나라의 자연과 문화

지구, 대륙 그리고 국가들 • 13
문해력 튼튼 • 40

세계의 다양한 삶의 모습 • 47
문해력 튼튼 • 86

우리나라와 가까운 나라들 • 91
문해력 튼튼 • 118

한눈에 읽는 개념 지도 • 122

2. 통일 한국의 미래와 지구촌의 평화

한반도의 미래와 통일 • 127
문해력 튼튼 • 153

지구촌의 평화와 발전 • 157
문해력 튼튼 • 173

지속 가능한 지구촌 • 177
문해력 튼튼 • 195

한눈에 읽는 개념 지도 • 198

문해력 쏙쏙 모아 보기 • 200
찾아보기 • 204
출처 및 참고 자료 • 207

세계 여러 나라의 자연과 문화

지구, 대륙 그리고 국가들

잠깐! '세계 여러 나라의 자연과 문화'를 알아볼 때는 세계 지도를 함께 보면 훨씬 쉽고 재미있을 거예요. 학교에서 받은 '사회과 부도'를 가져오거나 인터넷에서 세계 지도를 찾아볼까요? 자, 준비되었으면 이제 출발할게요!

여러분은 지구의 모습이 어떻게 생겼는지 알고 있나요? 물론 공처럼 둥근 형태라는 건 다들 알고 있을 거예요. 중요한 것은 땅과 바다가 어떻게 생겼냐는 점이지요.

이런 지구의 모습을 알기 쉽게 만든 도구가 있어요. 바로 지구본과 세계 지도예요. 지구본은 실제 지구의 모습을 엄청나게 축소해서 만든 도구예요. 우리는 지구본을 통해 실제에 가까운 지구의 모습을 살펴볼 수 있어요. 땅과 바다의 모양, 세계 여러 나라의 위치를 비교적 정확하게 알 수 있답니다. 둥근 공 모양이기 때문에 어떤 곳의 지구 반대편에 무엇이 있는지도 쉽게 확인할 수 있지요.

다만, 지구본은 사람들이 사용하기 불편한 도구예요. 왜 그럴까요? 지구본은 구 모양을 그대로 유지해야 하기 때문에 가지고 다니기 어려워요. 여러분들이 학교에 다닐 때 농구공을 계속 들고 다녀야 한다고 생각하면 굉장히 불편하겠지요? 또한 지구본은 세계의 모습을 한 눈에 보기도 어려워요. 세계 곳곳을 살펴보려면 손으로 이리저리 움직여 봐야 하지요.

지구본과 달리 세계 지도는 지구의 모습을 평면에 나타낸 그림이에요. 세계 지도는 지구의 전체 모습을 한 눈에 살펴보기 쉬워요. 눈만 굴려도 우리나라뿐만 아니라 우리나라와 멀리 떨어진 미국이나, 브라질, 이집트 같은 나라들도 찾을 수 있지요. 또 종이에 나타낸 지도는 둘둘 말아서 들고 다닐 수 있으니, 언제 어디에서나 쉽게 펼쳐볼 수 있어요. 그래서 아주 오래전부터 먼 거리를 오가는 사람들은 이런 지도를 유용하게 사용했어요. 특히 나라와 나라를 오가는 사람들에게 지도는 필수적인 도구였지요.

하지만 세계 지도는 실제 지구의 모양과 다르기 때문에 정확한 정보를 얻기 어려워요. 실제 지구는 납작한 모양이 아니라 둥근 공 모양이기 때문이지요. 둥근 공 모양을 있는 그대로 납작하게 나타내는 건 불가능해요. 왜 불가능한지는 아주 간단하게 알아볼 수 있어요.

혹시 주변에 귤이나 오렌지가 있나요? 이 과일을 먹으려면 껍질을 벗겨야 하잖아요? 껍질을 가능한 한 가지런하게 벗겨서 바닥에 놓아보세요. 분명히 볼록하게 튀어나오는 부분이 생길 거예요. 튀어나온 부분을 납작하게 만들려면? 껍질을 이리저리 찢어서 펼쳐야 해요. 그렇게 둥근 모양이었던 껍질을 펼쳐 놓으면 중간 중간에 빈 공간이 생길 수밖에 없지요. 테니스나 고무공을 이용해도 쉽게 실험해 볼 수 있어요.

그러면 둥근 지구의 모습을 어떻게 평면으로 나타냈을까요? 여러 사람들이 다양한 시도를 했는데, 대표적인 방법은 오른쪽과 같아요.

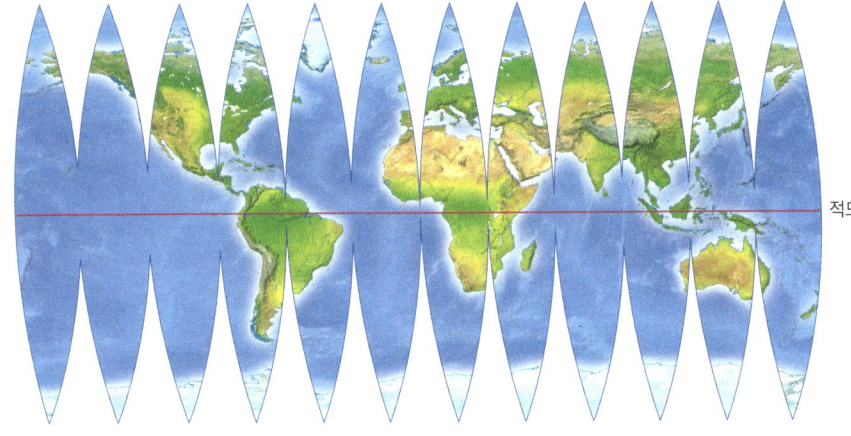

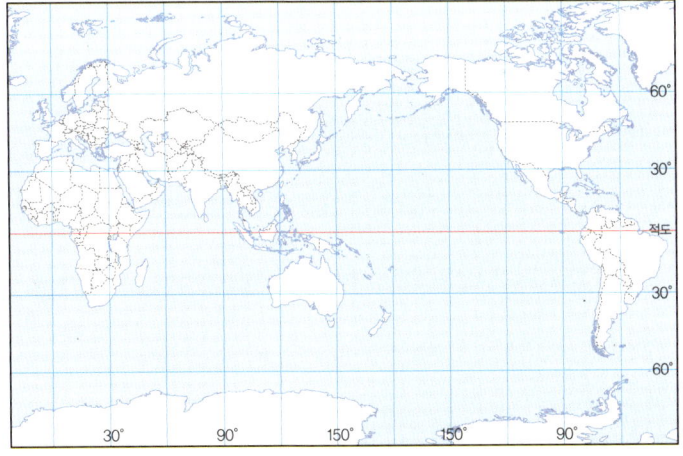

그림을 보면 지구를 가지런히 잘라서 펼쳤을 때 위아래로 갈수록 많은 빈틈이 생기는 게 보이지요? 이 때 빈 곳의 면적만큼 원래의 땅과 바다를 양옆으로 늘려서 채웠어요. 문제는 이렇게 하면 늘어난 면적만큼 지구의 모습이 *왜곡되지요. 여러분들이 알고 있는 세계 지도는 이렇게 만들어진 거예요.

앞에서 세계 지도는 지구의 모습을 정확하게 나타낼 수 없다고 했지요? 이제 무엇이 문제인지 말할 수 있나요? 바로 적도에서 극지방으로 갈수록 왜곡이 심해진다는 점이에요. 실제 면적보다 더 넓게 보이는 거지요. 이에 대한 자세한 이야기는 나중에 또 하기로 해요.

세계 지도와 지구본의 특징을 살펴보았는데, 한 가지 더 짚고 넘어가야 할 점이 있어요. 세계 지도와 지구본 모두에 가로와 세로로 그어진 선을 찾을 수 있을 거예요. 5학년 때도 배웠었지요? 바로 위선과 경선이에요. 이미 배운 내용이지만 여기에서 조금 더 자세하게 알아볼게요.

위선과 경선은 위도와 경도를 나타내기 위한 선이에

★ **왜곡** 어떤 사실과 다르게 하는 것이에요.

요. 위도와 경도는 지구에서의 위치를 자세히 나타내기 위해 사람들이 정한 주소라고 생각해도 좋아요. 우리가 차를 타면서 이용하는 내비게이션이 바로 이 위도와 경도를 이용해서 우리의 위치를 정확하게 나타내고 있는 거예요.

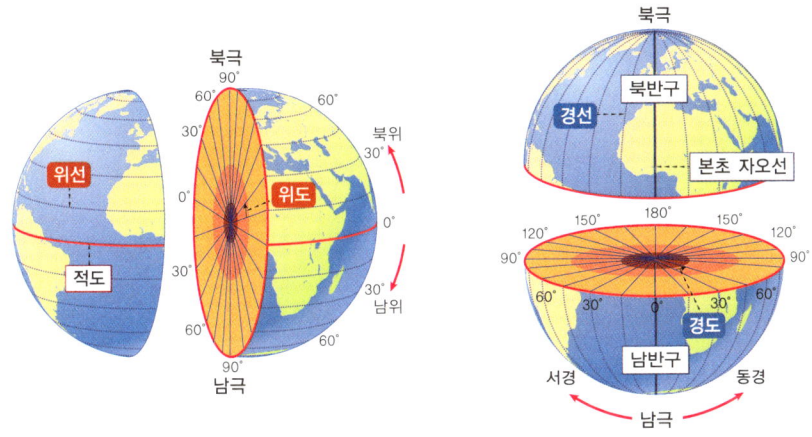

위 그림은 위도와 경도를 정하는 방법을 설명하고 있어요. 위도는 지구를 세로로 잘랐을 때 지구 중심으로부터의 각도를 말해요. 이 때 0°에 해당하는 부분, 다시 말해서 지구를 위아래로 나누었을 때 반절이 되는 부분을 '적도'라고 이야기해요. 그리고 적도를 기준으로 북쪽 각도는 '북위', 남쪽 각도를 '남위'라고 불러요. 또 적도를 기준으로 북쪽의 지구를 '북반구', 남쪽의 지구를 '남반구'라고 불러요.

==경도==는 지구를 가로로 잘랐을 때 지구 중심으로부터의 각도예요. 그런데 위도의 경우 적도가 기준(0°)이 되었잖아요? 경도도 기준이 필요했어요. 그렇게 정한 기준이 영국에 있는 '그리니치 천문대'예요. 북극에서 그리니치 천문대를 지나, 남극을 잇는 선을 경도의 기준으로 삼고, 이 선을 '본초 자오선'이라고 불러요. 그리고 본초 자오선의 동쪽을 '동경', 본초 자오선의 서쪽을 '서경'이라고 불러요.

위도와 경도를 이용하면 전 세계의 어느 곳의 위치든 숫자를 이용해서 정확하게 나타낼 수 있어요. 예를 들어 우리나라의 유명한 놀이공원인 에버랜드의 위치를 위도와 경도로 나타내면 대략 북위 37.29°, 동경 127.20°로 나타낼 수 있어요. 프랑스 파리의 유명한 건축물인 에펠탑의 위치는 대략 북위 48.51°, 동경 2.17°로 나타낼 수 있지요.

지금까지 세계 지도와 지구본을 살펴봤어요. 둘 다 오래부터 지구의 모습과 여러 나라의 위치를 살펴보기 위해 많이 사용한 도구예요. 그런데 기술이 발달한 요즘에는 훨씬 편리한 지도를 이용할 수 있게 되었어요. 바로 '디지털 영상 지도'예요.

아마 3학년 때부터 학교에서 수업 시간에 배웠을 거예요. 디지털 영상 지도는 인공위성 사진을 이용해 만든 지도이기 때문에 하늘에서 본 실제 모습을 직접 관찰할 수 있다는 점이 대단히 큰 장점이에요. 또 세계 지도나 지구본과는 다르게 '확대·축소', '내 위치 찾기', "*실제 거리 모습 보기' 같이 다양한 기능이 있어요. 게다가 스마트폰 같은 휴대 기기에 설치하면 밖에서도 이용할 수 있어서, 현대의 사람들은 누구나 유용하게 사용하고 있어요. 물론 전자 기기를 이용해야 하기 때문에 인터넷을 연결해야 하고, 휴대 기기의 경우 배터리가 필요하다는 점은 아쉬울 수 있겠지요.

★ **실제 거리 모습 보기** 원하는 지역의 실제 거리 모습을 볼 수 있는 디지털 영상 지도 서비스를 말해요. 로드뷰, 거리뷰, 스트리트뷰라고 불리기도 해요.

 문해력 쏙쏙

지구의 모습을 알기 쉽게 만든 도구로는 ㅈㄱㅂ 과 ㅅㄱㅈㄷ 가 있다. ㅇㄷ 와 ㄱㄷ 는 지구에서 어떤 곳의 위치를 정확하게 나타내기 위해 사람들이 정한 주소 같은 것이다.

    5학년 때 우리나라의 국토를 구분했던 것 기억하나요? 북부, 중부, 남부로 나누기도 했고, 서울특별시, 경상도, 전라도 등 행정 구역으로 구분하기도 했어요. 그리고 바다는 황해, 남해, 동해로 구분했지요. 이렇게 영역을 구분한 것은 사람들이 그 지역을 편리하게 부르고 관리하기 위한 것이었어요. 이건 지구도 마찬가지예요. 물론 우리나라 사람들이 영역을 나눈 건 아니지만 세계의 여러 사람들이 자연스럽게 약속한듯이 세계의 땅과 바다를 구분해 놓았지요. 이렇게 구분하면 세계 곳곳에 흩어져 있는 다른 나라의 위치를 찾기도 좋아요. 그럼 지구의 땅과 바다를 어떻게 구분했는지 살펴볼까요?

　지구 면적의 30%는 땅, 70%는 바다예요. 그 만큼 바다의 면적이 넓어요. 그래서 우리는 바다가 땅을 둘러싸고 있다고 표현할 수 있어요.

　이렇게 바다로 둘러싸인 땅 중에서 특히 큰 땅 덩어리를 '대륙'이라고 불러요. 그러면 한반도도 넓으니까 대륙이라고 할 수 있을까요? 그렇지 않아요. 대륙이라고 할 때는 기준이 있어요. 바로 북극 근처에 있는 '그린란드'라는 섬이에요.

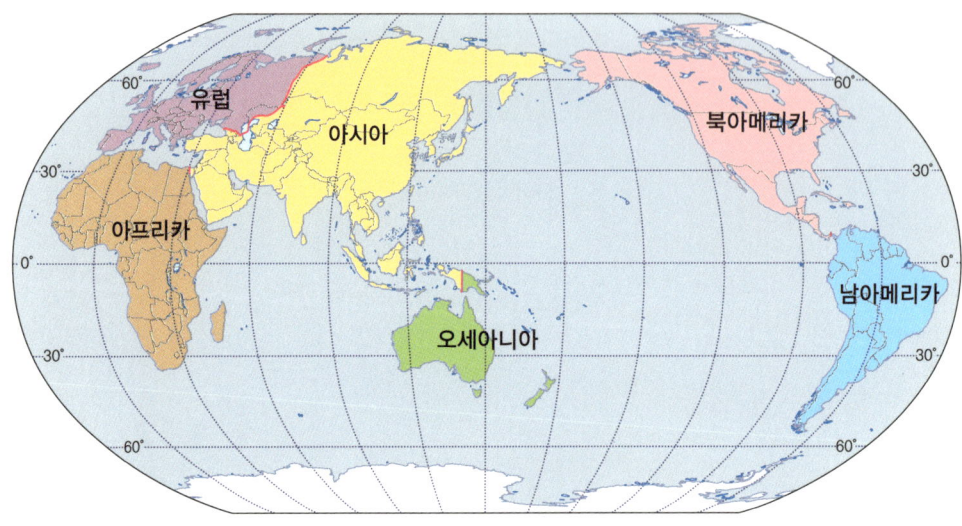

　땅덩어리가 그린란드보다 넓으면 대륙, 좁으면 섬이라고 해요. 예를 들어 제주도는 그린란드보다 작으니까 대륙이 아닌 섬인 것이고, 우리는 섬 도(島)를 써서 제주'도'라고 부르지요. 사람들을 지구의 땅을 아시아, 유럽, 아프리카, 오세아니아, 북아메리카, 남아메리카로 구분했어요. 이를 아울러서 6대륙이라고 해요. 지도와 함께 보면 훨씬 쉽게 알아 볼 수 있을 거예요.

　아시아는 우리나라가 위치해 있는 대륙이에요. 6개의 대륙 중에 가장 큰 대륙이지요. 아시아의 서쪽에 있는 대륙은 유럽이에요. 여러분들도 들어 봤을 영국, 프랑스, 독일 같은 나라가 유럽에 있어요.

그런데 유럽과 아시아를 보면 이상하다는 생각이 들지 않나요? 분명히 서로 붙어있는 땅인데 대륙을 나누었잖아요. 유럽과 아시아 사이에는 '우랄 산맥'이라는 아주 커다란 산맥이 자리 잡고 있어요. 이 산맥을 기준으로 양쪽의 문화가 많이 다르기 때문에 대륙을 구분했답니다. 그래서 유럽과 아시아를 묶어서 '유라시아'라고 표현하기도 해요. 이렇게 보면 유럽과 아시아에 걸쳐 있는 러시아도 굉장히 특이한 나라예요. 러시아는 나라의 대부분이 아시아에 속하지만, 수도인 모스크바가 유럽에 있고, 유럽 사람들과 비슷한 문화를 가졌어요. 그래서 러시아는 유럽 국가라고 해요.

유럽의 남쪽으로는 아프리카가 위치해 있어요. 아시아 다음으로 큰 대륙이지요. 그 유명한 '사하라 사막'이 여기에 있고, 피라미드로 유명한 이집트나 소말리아, 리비아 같은 나라들이 있어요.

아시아의 남쪽에는 오세아니아가 있어요. 오세아니아는 조금 특이한데, 대륙의 대부분을 오스트레일리아라는 나라가 차지하고 있어요. 우리가 흔히 호주라고 부르는 나라지요. 오스트레일리아 동쪽에는 뉴질랜드라는 나라가 있어요.

　아시아에서 동쪽으로 넓은 바다를 건너 볼까요? 두 개의 대륙이 위아래로 있는데, 이 두 대륙을 한데 묶어서 '아메리카'라고 해요. 그 중 북쪽을 북아메리카, 남쪽을 남아메리카라고 해요. 북아메리카에는 캐나다, 미국, 멕시코가 있고, 남아메리카에는 축구로 유명한 브라질, 아르헨티나 같은 나라가 있어요. 그리고 지구의 허파라고 불리는 밀림인 '아마존'도 남아메리카에 있어요.

문해력 쏙쏙

땅덩어리가 그린란드보다 넓으면 ㄷ ㄹ , 좁으면 섬이라고 한다. 지구에는 아시아, 유럽, 아프리카, 오세아니아, 북아메리카, 남아메리카 ㄷ ㄹ 이 있다.

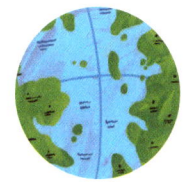

 모든 대륙을 살펴봤으니 이번에는 바다를 알아볼까요? 세계의 큰 바다를 대양이라고 해요. 대양에는 태평양, 대서양, 인도양, 북극해, 남극해가 있고, 이를 5대양이라고 해요. 잠깐! 어떤 바다는 '양'이라고 하고, 어떤 바다는 '해'라고 하는 까닭은 무엇일까요? 태평양이나 대서양처럼 '양'이 붙는 바다는 매우 큰 바다를 말해요. '해'는 '양'에 비해 크기가 작고, 주변이 육지로 둘러 싸여서 큰 바다와 멀리 떨어진 바다를 말해요. '양'과 '해'의 차이를 알았으니 이제 지도를 통해서 5대양에 대해 자세히 살펴볼까요?

 태평양은 지구에서 가장 넓은 바다로, 우리나라에서

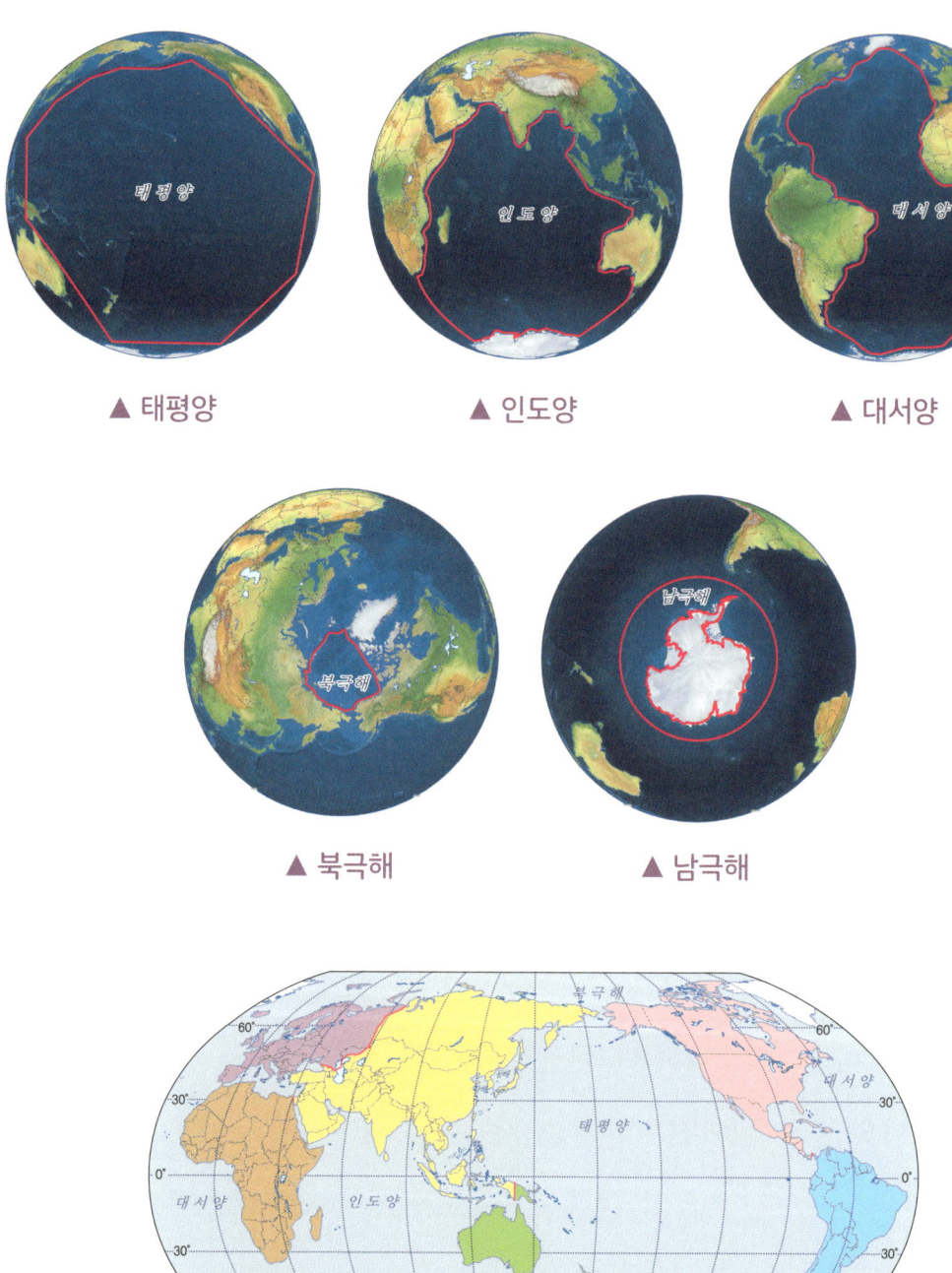

▲ 태평양　　▲ 인도양　　▲ 대서양

▲ 북극해　　▲ 남극해

동쪽으로 일본을 지나서 펼쳐지는 바다예요. 태평양이라는 이름은 평온한 바다라는 뜻인데, 유럽에서 최초로 이곳을 가로지른 마젤란이라는 탐험가가 넓게 펼쳐진 조용한 바다를 보고 이름 붙였다고 해요. 태평양 주변에는 아시아, 오세아니아, 북아메리카, 남아메리카가 있고, 가운데에는 여러분들도 들어봤을 하와이라는 섬이 있어요.

우리나라에서 남서쪽으로 가면 동남아시아를 지나 인도양이라는 바다가 나와요. 이름 그대로 인도 근처에 있는 바다예요. 인도양은 아프리카, 아시아, 오세아니아로 둘러 싸여 있어요.

유럽과 아프리카, 아메리카로 둘러싸인 대서양은 태평양 다음으로 넓은 대양이에요. 우리말로 풀이하면 서쪽에 있는 큰 바다이지만, 영어로는 'Atlantic Ocean'이라고 하는데, 그리스 신화에서 따왔다고 해요.

그리스 신화에는 페르세우스라는 영웅이 있는데, 페르세우스는 눈동자를 마주친 사람을 돌로 만드는 괴물인 메두사를 만나 물리쳤어요. 페르세우스는 돌아오는 길에 거대한 신 아틀라스를 만났어요. 피곤했던 페르세우스가 아틀라스에게 하룻밤 머물게 해달라고 했는데, 아틀라스가 이를 거절했지 뭐예요? 화가 난 페르세우스가 메두사의 머리를 아틀라스에게 들이밀자, 메두사와 눈이 마주친 아틀라스가 돌이 되어 버렸어요. 돌이 된 아틀라스는 워낙 거대했던 탓에 하나의 산맥을 이루게 됐어요. 그 산맥이 아프리카 북서쪽에 있는 아틀라스 산맥이고, 이 산맥 앞에 있는 바다를 '아틀라스의 바다'라고 이름 붙였다고 해요.

5대양 중 3개의 바다를 살펴봤는데, 남은 둘은 북극해와 남극해예요. ==북극해==는 북극에 있는 바다로 아시아, 유럽, 북아메리카에 둘러싸여 있고, ==남극해==는 남극에 있는 바다로 남극 대륙을 둘러싸고 있어요. 참고로 남극 대륙도 그린란드보다 크기 때문에 대륙이긴 하지만, 사람이 살 수 없는 *척박한 땅이기 때문에 6대륙에는 포함하지 않아요.

이렇게 6대륙과 5대양을 살펴봤어요. 각 대륙과 대양의 위치, 이름을 기억해두면 여러 나라의 위치를 아는데 큰 도움이 될 거예요. 다만 한 가지 알아둘 점이 있는데,

★ **척박하다** 땅이 기름지지 못하고 몹시 메마르다는 뜻이에요.

이렇게 대륙과 대양을 구분하는 건 사람들의 편의를 위한 거예요. 실제 자연은 딱딱 나뉘어 있게 아니라 서로 이어져있고, 어우러져 있답니다.

문해력 쏙쏙

바다 중에서 큰 바다들을 꼽아 5  이라고 하는데, 태평양, 대서양, 인도양, 북극해, 남극해가 있다.

　세계 지도를 살펴보면 다양한 나라들을 찾을 수 있어요. 그리고 그 나라들은 면적도, 모양도 제각각이지요. 어떤 나라의 면적과 모양은 그 나라 사람들의 생활 모습에 대단히 큰 영향을 끼쳐요. 우리나라만 하더라도 한반도는 위아래로 길기 때문에 북쪽과 남쪽의 평균 기온이 다르잖아요? 그런데 우리나라보다 훨씬 더 남북으로 길쭉한 나라가 있다면 어떨까요? 또는 동서로 길쭉한 나라는 어떤 특징이 있을까요? 이제부터 한번 알아보기로 해요.

　우선 나라의 면적에 대해 이야기하기 전에 짚어야 할 점이 있어요. 앞서 세계 지도는 구형의 지구를 평면에 옮겨 놓았기 때문에 왜곡이 생긴다고 했던 것을 기억하나

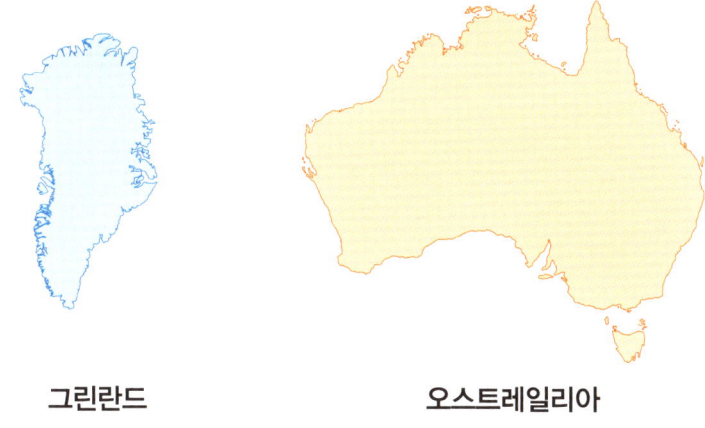

그린란드　　　　　　오스트레일리아

요? 하나 예를 들어볼게요.

　대륙의 기준은 그린란드예요. 그린란드보다 크면 대륙이고, 작으면 섬이라고 했지요? 그리고 오스트레일리아를 포함한 오세아니아는 그린란드보다 크기 때문에 대륙이라고 했어요. 그런데 9쪽에 있는 세계 지도를 보면 그린란드가 훨씬 커 보이지요? 왜 그럴까요? 바로 세계 지도의 왜곡 때문이에요. 그럼 실제 크기는 어떨까요?

　그린란드의 실제 면적은 약 217만km^2예요. 그리고 오세아니아 대륙의 실제 면적은 약 796만km^2지요. 오세아니아 대륙이 무려 3배 가까이 넓은 면적을 가지고 있어요. 이렇게 위도가 높은 나라일수록, 다시 말해 극지방에 가까운 나라일수록 면적이 넓어 보여요. 그래서 나라의 면적을 비교하기 위해서는 세계 지도보다 지구본이나 디지털 영상 지도가 좋아요.

그럼 실제 면적이 가장 넓은 나라는 어디일까요? 바로 러시아예요. 사실 러시아는 세계 지도를 봤을 때도 가장 넓게 보이긴 해요. 러시아의 면적은 약 1,710만km^2예요. 면적이 워낙 넓어서 나라 안에서도 시간 차이가 생겨요. 러시아의 서쪽 끝과 동쪽 끝은 무려 9시간의 시간 차이가 있어요. 예를 들어 러시아의 동쪽이 낮 12시일 때 서쪽은 새벽 3시라는 이야기지요. 이런 일은 캐나다, 미국, 중국 등 면적이 넓은 나라에서 흔하게 볼 수 있어요.

두 번째로 면적이 넓은 나라는 약 998만km^2를 차지하는 캐나다예요. 그리고 약 983만km^2인 미국이 세 번째이지요. 그 밖에 중국(약 960만km^2)이나 오스트레일리아(769만km^2), 브라질(851만km^2) 등이 국토가 넓은 나라에 속해요.

면적이 좁은 나라들도 많이 있어요. 가장 대표적인 나라가 동남아시아에 있는 싱가포르예요. 싱가포르는 싱가포르라는 도시 자체가 하나의 나라예요. 싱가포르의 면적은 약 700km^2로 지구본에서 보면 작은 점으로 보일 만큼 작아요. 이런 나라를 '도시 국가'라고 하는데, 도시 국가는 싱가포르를 비롯해서 모나코, 바티칸이 있어요.

한반도의 면적은 약 22만km²로 전 세계 195개의 나라 중 83번째로 넓은 나라예요. 유럽의 영국이나, 아시아의 라오스와 비슷한 면적을 차지하고 있어요.

여러 나라의 면적을 살펴봤는데, 면적이 넓을수록 사람들의 생활 수준이 높고, 발전된 나라일까요? 그렇지 않아요. 면적이 좁은 우리나라만 해도 세계에서 손꼽을 정도로 발전된 나라잖아요. 이건 앞서 언급한 싱가포르도 마찬가지예요. 그러니 오해하지 않길 바라요.

 문해력 쏙쏙

세계에서 면적이 가장 넓은 나라는 ㄹ ㅅ ㅇ 이다. 싱가포르처럼 면적이 좁고 도시 자체가 나라인 곳은 ㄷ ㅅ ㄱ 라고 한다.

   이번에는 여러 나라의 모양을 살펴볼게요. 우리나라는 위아래로 길게 뻗어있는 나라지요? 우리나라와 비슷하게 남북으로 긴 나라들을 많이 찾을 수 있어요. 우리나라 동쪽에 있는 일본도 그렇고, 동남아시아에 있는 베트남도 그래요. 길쭉한 모양의 가장 대표적인 나라는 남아메리카에 있는 칠레예요. '모아이'라는 거인 석상이 즐비하게 늘어선 이스터 섬이 있는 나라로 유명하지요. 칠레는 남아메리카의 서쪽, 태평양에 인접한 나라예요.

   일본과 칠레의 모양을 살펴볼까요? 우리나라와 비교하면 엄청나게 길다는 걸 알 수 있지요? 칠레 동쪽에는 국경을 따라 남북으로 길게 뻗은 '안데스 산맥'이 있어요.

| 대한민국 | 일본 | 칠레 |

 세계에서 가장 긴 산맥인 안데스 산맥은 워낙 *험준해서 동서로 교류하기 어렵기 때문에 이런 모양의 나라가 만들어졌어요.

 남북이 아니라 동서로 길쭉한 나라도 있겠지요? 가장 면적이 넓다고 한 러시아가 대표적이에요. 물론, 러시아는 땅이 워낙 넓어서 남북으로 길기도 하지요. 또는 아프리카의 짐바브웨와 같이 공처럼 둥근 모양의 나라도 있어요. 이렇게 세계에는 다양한 모양의 나라가 있어요.

★ 험준하다 땅의 모양이 험하며 높고 가파르다는 뜻이에요.

그런데 여러 나라의 모양, 특히 국경선을 잘 살펴보면 특이한 점을 찾을 수 있어요. 지도가 있다면 직접 찾아보길 바라요. 한반도와 중국의 경계, 미국과 캐나다의 경계를 살펴보세요. 어떤 특징을 찾을 수 있나요?

한반도와 중국의 경계를 보면 국경선이 구불구불한 걸 볼 수 있어요. 왜 그럴까요? 5학년 때도 배웠지만 큰 강이나 산맥 등의 자연환경이 있으면 사람들이 교류하기 어렵기 때문에 지역을 구분하는 기준이 된다고 했어요. 그래서 대부분 나라의 국경선을 보면 그 모양이 구불구불하지요. 그런데 미국과 캐나다의 경계는 반듯하지요? 이건 두 나라가 서로의 영역을 두고 다투던 중 국경의 기준을 북위 49°로 합의했기 때문이에요. 이렇게 자연환경과 상관없이 사람들이 임의로 경계를 정하기도 해요.

아프리카 대륙을 보면 이렇게 반듯한 국경선을 쉽게 찾을 수 있어요. 아프리카 북부의 리비아, 알제리, 수단 같은 나라들이지요. 여기에는 조금 슬픈 역사가 담겨있어요. 앞서 유럽의 나라들은 과거부터 빠르게 발전했다고 했잖아요? 그래서 다른 대륙의 사람들보다 더 빨리 항해 기술을 발전시켰고, 이곳저곳을 돌아다녔다고 했어요. 그 때 유럽의 힘이 센 나라들은 세계 곳곳, 특히 아프리카에 많은 *식민지를 건설했어요. 그 과정에서 식민지의 경계를 두고 다투기도 했지요. 그 결과 지금과 같이 사람들이 임의로 정한, 반듯한 국경선이 만들어지게 되었어요.

지금까지 세계 여러 나라들의 면적과 모양을 살펴보았어요. 그 나라의 면적과 모양은 위치와 마찬가지로 사람들의 생활 모습에 많은 영향을 주고 있어요. 그러니 어떤 나라에 대해 알고자 한다면 먼저 지도를 살펴보는 것을 추천해요.

★ **식민지** 다른 나라로부터 지배를 받아 주권을 잃어버린 국가나 지역을 말해요.

 문해력 쏙쏙

나라의 모양은 칠레처럼 ㅈ ㅇ ㅎ ㄱ 의 영향을 받아 결정되는 경우도 있고, 미국과 캐나다 사이의 ㄱ ㄱ ㅅ 처럼 자연환경과는 상관없이 사람들이 정하는 경우도 있다.

문해력 튼튼

● 다음 글을 읽고, 질문에 답해 보세요.

아프리카 국경선에 숨겨진 '슬픈 이야기'

　7월 27일은 휴전 협정일입니다. 69년 전 6·25 전쟁의 휴전 협정이 맺어졌고 그때부터 분단이 시작되었습니다. 대한민국 헌법 제3조에 따라 북한을 비롯한 한반도 모든 곳이 우리의 영토지만, 분단 상황은 우리를 군사 분계선 아래로 제한하고 있습니다. 지리상, 헌법상 우리나라는 중국, 러시아 두 나라와 국경을 맞대고 있어 분명히 국경선이 있습니다. 하지만 국경 지역은 앞서 말한 제한으로 인해 우리가 자유롭게 갈 수 없는 북한에 있습니다. 따라서 현실적으로는 국경선이 없는 셈이기도 합니다. 오늘의 지리 이야기는 바로 이 국경선에 관한 이야기입니다.

　유럽의 국경선을 살펴볼까요. 일반적으로 국경선은 지형을 따라 그어집니다. 건너기 어려운 큰 강이나 산맥을 경계로 인간의 생활권이 나뉘고 민족이 나뉘며 나아가 국가의 경계가 나뉘게 되지요. 그래서 많은 경우 강이나 산맥, 호수, 사막 등이 국경이 되며 그런 지형을 따라 그어진 국경선

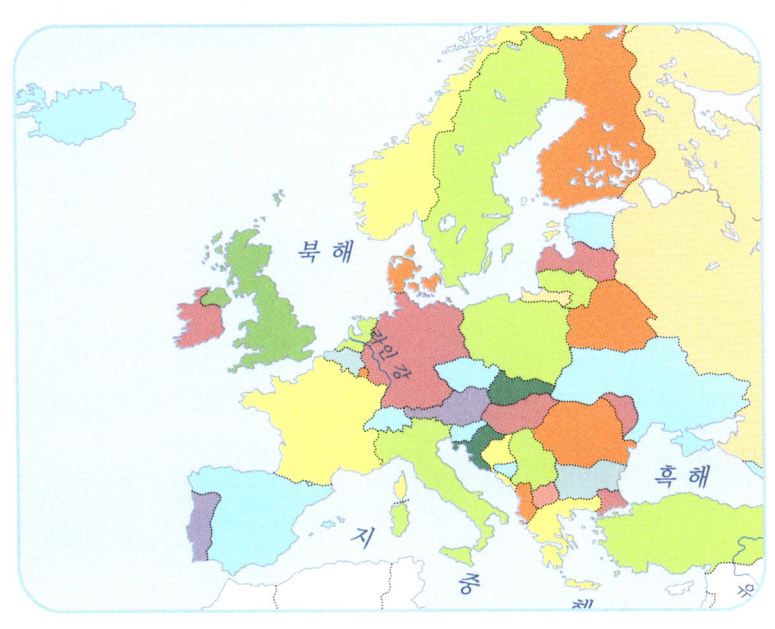

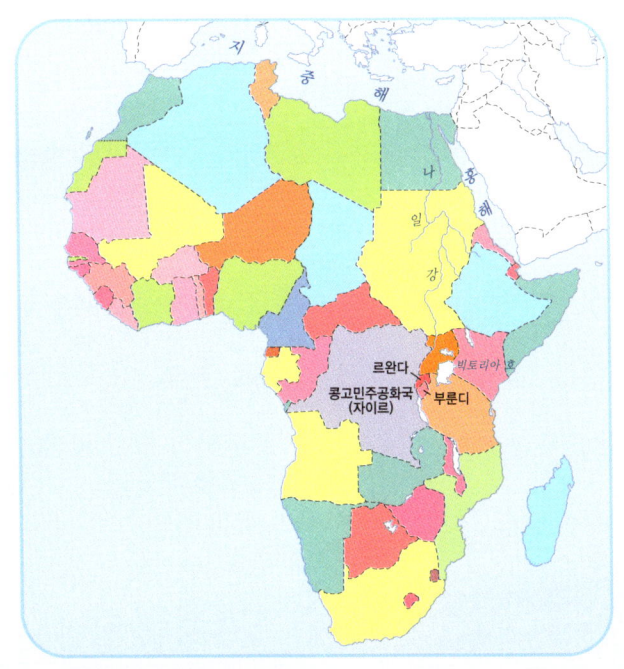

은 구불구불하게 매우 복잡한 형태가 됩니다.

　18세기 산업 혁명의 시작과 함께 유럽의 국가들은 대량으로 제품을 생산하기 위한 막대한 원료가 필요했습니다. 그리고 금, 고무, 상아 등 자원이 풍부한 아프리카는 유럽 국가들에 좋은 '먹잇감'이 되었습니다. 19세기에서 20세기 초반에 걸쳐 유럽 각국의 아프리카 수탈이 이뤄졌습니다. 그 과정에서 유럽 국가들이 서로 충돌하는 것은 당연했습니다.

　잦은 충돌로 인한 피해를 우려한 유럽 각국은 1884년과 1885년에 걸쳐 독일의 베를린에서 아프리카를 식민지로 나누는 회담을 개최합니다. 이때 유럽 국가들은 아프리카의 식민지들을 자신들의 편의대로 재단해 직선으로 경계를 나누게 됩니다. 기존 민족 경계나 자연 경계를 무시하고, 자신들의 편리함과 힘의 논리에 따라 식민지 경계를 나눈 것입니다. 이때 나누어진 식민지의 경계가 대부분 현재의 국경선으로 남아 오늘날 아프리카의 국경선이 직선 형태가 많은 이유가 되었습니다.

　식민 지배가 남긴 직선의 국경선은 오늘날까지 아프리카

에 큰 상처를 남기고 있습니다. 바로 잦은 내전입니다. 아프리카가 풍부한 자원을 가졌음에도 불구하고 발전이 더딘 이유는 잦은 내전 탓이 큽니다. 아프리카에는 본래 1,000여 개의 다양한 부족이 각자 부족 국가를 이루며 살고 있었습니다. 그러나 오늘날 아프리카에는 55개의 국가만이 있습니다. 1,000여 개의 서로 다른 부족 중에는 함께 국가를 이루며 살아가기엔 사이가 너무 나쁜 부족들이 있습니다. 그런데 유럽의 국가들이 편의대로 그어버린 국경선이 이들을 하나의 국가로 묶어버리니 다툼이 잦을 수밖에 없습니다.

이로 인한 아프리카의 대표적인 내전으로는 '르완다 내전'과 '콩고 전쟁'이 있습니다. 아프리카 중부에 위치한 르완다는 벨기에의 식민 지배를 경험했습니다. 벨기에는 르완다를 지배할 때 르완다의 투치족에게 권한을 주어 또 다른 르완다 부족인 후투족을 억압하고 관리하도록 했습니다.

당연히 투치족과 후투족의 사이는 나쁠 수밖에 없었고 그 갈등은 20세기 후반까지 이어졌습니다. 1994년 르완다에서는 급진적인 후투족에 의해 투치족 등이 3개월 동안 100만

명이나 학살당하는 르완다 대학살이 발생했습니다. 이후 르완다 내전은 이웃 나라인 콩고민주공화국까지 확산해 콩고 전쟁이 벌어집니다. 1998년에서 2004년에 걸친 전쟁으로 무려 600만 명에 달하는 사망자가 발생합니다. 이는 1, 2차 세계 대전 이후로 인류가 겪은 가장 큰 규모의 전쟁 피해였습니다.

　아프리카를 둘러싼 분쟁은 현재도 진행 중입니다. 기존 부족 간 갈등에 기독교와 이슬람교의 종교 분쟁까지 더해져 분쟁 지역 주민들은 눈물이 마를 날이 없습니다. 서구의 선진국들은 과거 식민 지배에 대한 *부채 의식으로 아프리카 국가들에 대해 일정 부분 지원을 하고 있지만, 식민 지배가 남긴 *근본 문제는 해결되지 않고 있습니다.

　국경선을 마음대로 그은 사람들은 과거 유럽 사람들인데 그 피해는 애꿎은 사람들이 보고 있는 셈입니다. 부디 이들 간의 총성이 멈추고 평화의 웃음꽃이 피어나길 기원합니다.

★ 부채 남에게 진 빚이라는 뜻이에요.
★ 근본 풀이나 나무의 뿌리라는 말로 어떤 사물이나 현상의 본바탕을 뜻해요.

● 아프리카 여러 나라의 국경이 반듯한 이유는 무엇인가요?

● 아프리카에 내전이 잦은 이유는 무엇인가요?

● 이 밖에도 세계에는 다양한 이유로 반듯한 국경선을 갖게 된 나라들이 있습니다. 직접 세계 지도를 펼쳐서 찾아보세요.

세계의 다양한 삶의 모습

　지금 이 책을 읽고 있는 여러분은 어떤 옷을 입고 있나요? 우리는 어떤 때에는 얇은 반팔 옷을 입고, 어떤 때에는 긴팔 옷을 입어요. 그러면 우리는 왜 때에 따라 다른 종류의 옷을 입을까요? 바로 계절에 따라 기온이 다르기 때문이에요. 우리나라는 사계절이 뚜렷하기 때문에 계절에 따른 사람들의 생활 모습이 매우 달라요. 이건 이미 3학년 때부터 여러 번 배웠기 때문에 모두 잘 알고 있지요? 기온뿐 아니라 강수량도 계절에 따라 다르지요. 그리고 우리는 5학년 때 일정한 지역에서 여러 해에 걸쳐 나타나는 평균적인 날씨를 가리켜 '기후'라 한다고 배웠어요.

　이번에는 다른 질문을 해볼게요. 우리나라의 기후는 왜

이런 특징이 나타날까요? 뚜렷한 사계절, 여름에 집중된 강수량 등등. 무엇 때문에 우리는 이런 기후 속에 살고 있을까요? 정답은 바로 '위치'예요. 한반도는 지구의 *중위도에 위치해 있어요. 그리고 북쪽은 대륙, 남쪽은 바다와 인접해 있지요. 실제로 우리나라와 비슷한 위도에 있는 나라들은 대체로 사계절이 잘 드러나요.

그러면 왜 위치에 따라 기후가 다르게 나타나지요? 특히 기후의 큰 부분을 차지하는 기온이 왜 위치마다 다를까요? 그건 지구가 둥글기 때문이에요. 아래 그림을 살펴볼게요.

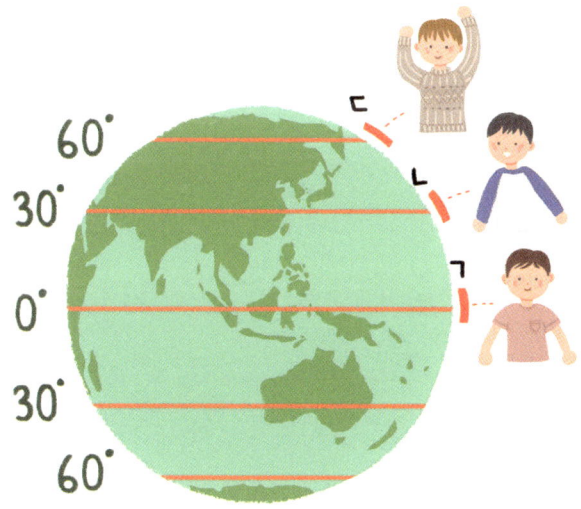

★ 중위도 위도 20°~50° 사이를 말해요. 위도 0°~20°는 저위도, 50°~90°는 고위도라고 불러요.

지구가 따뜻한 이유는 모두 태양 덕분이에요. 태양에서 발생한 에너지가 지구에 다다르고, 그 에너지 덕분에 자연환경이 유지되고 있어요. 태양은 지구를 옆에서 비추고 있어요. 그래서 앞의 그림처럼 태양 에너지가 지구에 닿고 있지요. 그런데 지구는 둥글기 때문에 지역에 따라 태양 에너지를 받는 정도가 달라요. 'ㄱ' 지역은 태양빛을 위에서 똑바로 받기 때문에 같은 양이라도 좁은 지역에 집중해서 에너지를 받을 수 있어요. 하지만 'ㄷ' 지역의 경우 태양 빛을 비스듬하게 받기 때문에 비록 'ㄱ' 지역과 같은 양의 에너지라고 하더라도 훨씬 넓은 지역으로 에너지가 퍼져요. 그래서 같은 면적을 비교하면 'ㄷ' 지역이 'ㄱ' 지역보다 받는 에너지가 적을 수밖에 없어요. 이런 이유로 에너지를 집중해서 받는 적도 지역은 기온이 높고, 극지방으로 갈수록 기온이 낮아지는 거예요.

이 내용은 집에서도 쉽게 실험해 볼 수 있는데, 방을 어둡게 하고, 손전등을 켜서 수직으로 바닥을 비춰보세요. 그러면 좁은 지역을 또렷하고 밝게 비출 수 있어요. 그곳에 에너지가 집중되고 있다는 걸 알 수 있죠?

그리고 손전등을 점점 옆으로 틀어 먼 곳의 바닥을 비

춰보세요. 그러면 넓은 곳을 비출 수 있지만, 수직으로 비췄을 때보다 바닥이 훨씬 어두워 보일 거예요. 어둡다는 건 바로 그곳에 닿는 에너지가 적다는 거예요.

이번에는 계절 이야기를 해 볼게요. 계절에 따라 날씨가 다르게 나타나는 이유는 무엇일까요? 그 이유는 지구가 똑바로 서 있지 않고, 23.5° 정도 기울어 있는 상태로 태양 주변을 돌기 때문이에요. 사실 지구는 앞에서 본 그림처럼 똑바로 서 있지 않아요. 아래 그림을 볼까요?

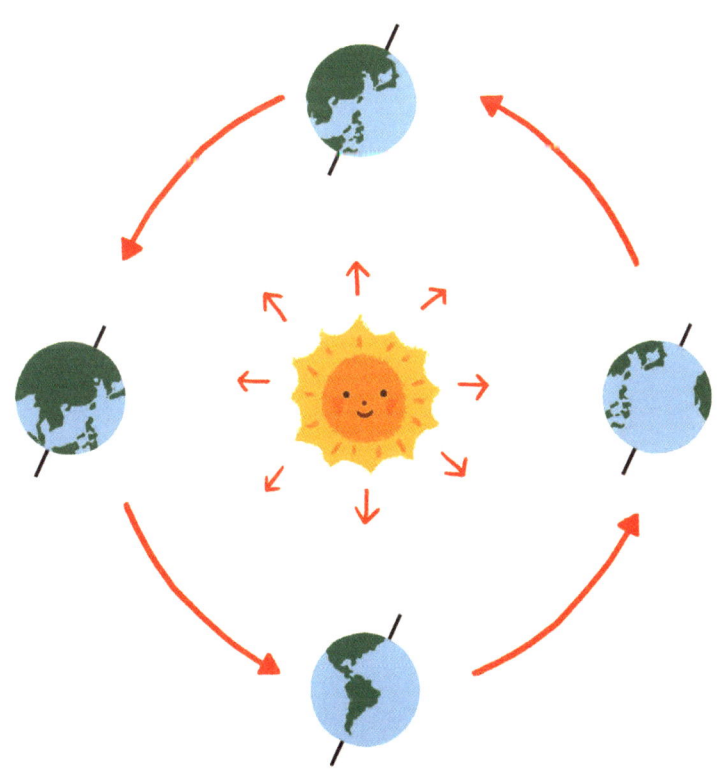

지구는 태양 주위를 위의 그림같이 돌고 있어요. 한 바퀴 도는데 걸리는 시간이 365일, 즉 1년이지요. 만약 지구가 'ㄱ'의 위치에 있을 때 한반도는 비교적 태양 빛을 똑바로 받지요? 반대로 'ㄴ'의 위치에 있을 때는 태양 빛을 훨씬 비스듬하게 받아요. 이제 슬슬 감이 잡히나요? 지구가 'ㄱ'의 위치에 있을 때 우리나라의 계절은 여름이에요. 반대로 'ㄴ'의 위치에 있을 때 우리나라의 계절은? 바로 겨울이지요. 이런 원리로 계절이 생겨요.

하나 더, 앞에서 우리나라와 계절이 반대인 나라도 있다고 했던 것 기억하나요? 앞의 그림에서 북반구와 남반구를 비교하면서 보면, 북반구가 태양 빛을 똑바로 받을 때 남반구는 빛을 비스듬하게 받아요. 반대로 북반구가 태양 빛을 비스듬하게 받을 남반구는 빛을 똑바로 받지요. 바로 북반구와 남반구는 계절이 반대라는 거예요. 북반구에 있는 우리나라의 계절이 여름일 때, 남반구에 있는 오스트레일리아의 계절은 겨울이라는 이야기지요.

👍 **문해력 쏙쏙**

ㄱ ㄴ 에 따라 날씨가 다르게 나타나는 이유는 지구가 똑바로 서 있지 않고, 23.5° 정도 기울어 있는 상태로 태양 주변을 돌기 때문이다.

 자, 이제 위치에 따라 기후가 다른 이유를 알았으니, 본격적으로 세계의 기후를 살펴볼까요?

 사람들은 지구에서 나타나는 기후를 그 특징에 따라 몇 가지로 분류했어요. 바로 열대 기후, 건조 기후, 온대 기후, 냉대 기후, 한대 기후, 고산 기후예요. 그리고 고산 기후를 제외하고 열대 기후부터 한대 기후까지 위도와 관련이 깊지요.

 열대 기후의 '열'자는 '더울 열(熱)'자를 써요. 감기에 걸렸을 때 '열'이 난다고 하지요? 열대 기후는 태양의 에너지를 집중적으로 받는 적도 부근에서 주로 나타나요. 일 년 내내 기온이 높고, 비가 많이 오는 것이 특징이에요.

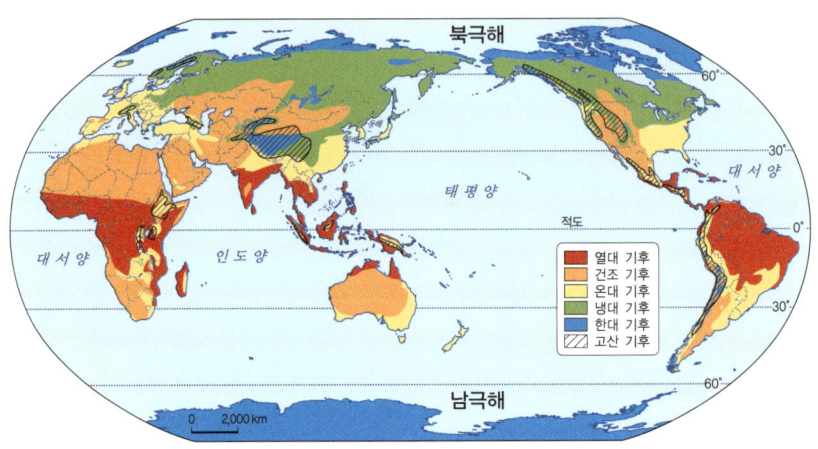

이 기후가 나타나는 곳에서는 열대 우림(밀림)을 만날 수 있어요. 또 이 기후의 어떤 지역은 1년 중 6개월은 비가 내리는 우기, 남은 6개월은 비가 오지 않는 건기가 나타나기도 해요.

건조 기후는 열대 기후보다 높은 위도에서 주로 나타나는데, 말 그대로 건조한 기후예요. 이 지역에는 비가 거의 오지 않아요. 1년에 500mm도 내리지 않지요. 우리나라의 연평균 강수량이 1,300mm이니까 강수량이 굉장히 적은 걸 알 수 있지요? 그나마 비가 조금이라도 내리는 곳에서는 초원이 주로 나타나고, 비가 거의 오지 않는 지역에서는 사막을 볼 수 있어요.

온대 기후의 '온'은 '따뜻할 온(溫)'자예요. 온돌, 온탕의 '온'자를 사용해요. 온대 기후는 사계절이 뚜렷한 것이 특징이에요. 여름엔 덥고 강수량이 많으며, 겨울에는 춥고 강수량이 적어요. 바로 우리나라가 온대 기후에 해당하지요.

냉대 기후의 '냉'자는 '찰 냉(冷)'으로, 냉면, 냉장고를 떠올리면 돼요. 냉대 기후에도 온대 기후와 마찬가지로 사계절이 나타나요. 하지만 겨울이 더 춥고 길다는 특징이 있어요.

그러면 한대 기후의 '한'자는 무엇일까요? 바로 '차가울 한(寒)'자예요. 겨울철에 발생하는 자연재해 중, 한파를 떠올리면 되겠어요. 한대 기후는 이름 그대로 추운 기후예요. 열대 기후와 반대로 일 년 내내 기온이 낮아요. 일 년 중 가장 따뜻한 달도 10℃를 넘지 않아요.

마지막으로 고산 기후가 있는데, '높을 고(高)', '뫼 산(山)' 이름 그대로 높은 산지에서 나타나는 기후예요. 다른 기후들이 위도와 관련이 깊다면 고산 기후는 땅의 높이와 관련이 있어요. *해발 고도가 높아질수록 기온이 내

★ **해발 고도** 바닷물로부터 얼마나 높이 있는 지를 나타내는 말이에요.

려간다는 사실은 모두가 알고 있지요? 보통 해발 고도가 1,000m 높아지면 기온은 6.5℃가 내려가요. 그래서 열대 기후가 나타나는 지역이라고 하더라도 해발 고도가 높으면 온대 기후처럼 온화한 날씨가 나타나지요. 예를 들어 북아메리카 멕시코는 열대 기후와 건조 기후가 나타나는 나라인데, 수도인 멕시코시티는 해발 고도가 2,240m이기 때문에 같은 위도의 다른 지역보다도 훨씬 온화한 날씨를 접할 수 있어요.

이렇게 지구에서 볼 수 있는 기후를 6가지로 구분해서 알아봤어요. 사실 이보다 더 세세하게 구분하면 40가지로도 구분할 수 있지만, 이 정도만 알고 있어도 기후와 관련한 세계 여러 나라의 생활 모습을 이해하는데 큰 무리는 없을 거예요.

👆 **문해력 쏙쏙**

세계의 ㄱ ㅎ 는 그 특징에 따라 열대 기후, 건조 기후, 온대 기후, 냉대 기후, 한대 기후, 고산 기후로 나눈다.

생각해 보면 우리나라 안에서도 위도에 따라 기온의 차이가 있고, 생활 모습이 조금씩 다르게 나타나잖아요? 그렇다면 열대 기후나 한대 기후처럼 확연히 다른 기후 속에 사는 사람들의 생활 모습은 엄청나게 다르다는 걸 추측할 수 있을 거예요. 이제 본격적으로 다양한 기후 속에 나타나는 삶의 모습을 한번 살펴볼까요?

우선 저위도 지역에 주로 나타나는 열대 기후부터 살펴볼게요. 열대 기후 지역은 매우 덥고 강수량이 많은 지역이지요. 덕분에 숲이 아주 울창하게 발달해서 열대 우림이라고 해요. 또 바나나, 코코넛, 용과 같은 열대 과일이 잘 자라지요. 그런데 사람들의 주식은 곡물이잖아요?

곡물을 재배하려면 넓은 논이나 밭이 필요해요. 어떻게 곡물을 재배할 땅을 구할 수 있을까요? 바로 '화전'이에요. 화전이란 일정한 지역에 불을 질러 풀과 나무를 없애고 만든 밭을 말해요. 그 자리에 있던 식물들은 재가 되어 거름으로 사용되지요. 이렇게 만든 밭에서 농사짓는 것을 '화전 농업'이라고 해요. 동남아시아나 아프리카, 남아메리카의 열대 우림 지역에서 화전 농업이 이루어져요. 요즘에는 바나나, 카카오, 커피 등을 대규모로 재배하는 농업이 발달하고 있어요.

열대 기후의 모든 지역이 밀림으로 가득 차 있는 것은 아니에요. 건기와 우기나 나타나는 지역도 있지요. 그래서 이런 지역은 열대 우림이 아닌 초원이 발달해요. 그리고 이러한 지역을 가리켜 '사바나'라고 해요. 사바나는 책이나 TV에서 많이 봤을 거예요. 얼룩말, 기린, 사자, 하이에나가 사는 곳을 떠올리면 돼요. 아프리카 탄자니아에는 세렝게티 국립 공원이라는 곳이 있는데, 드넓은 초원에서 다양한 생물이 어울려 살고 있어요. '라이온 킹'이라는 만화 영화의 배경이 바로 이곳이에요. 요즘에는 사라피 관광 등 생태 관광 산업도 이루어지고 있어요.

==건조 기후 지역==은 위도 20°~40° 부근에 주로 분포해요. 그리고 바닷가와 멀리 떨어진 지역에서도 찾을 수 있어요. 건조 기후 지역도 두 지역으로 나누어볼 수 있어요. 너무 건조해서 비가 오지 않는 지역에는 ==사막==이 발달해요. 아프리카 북부의 이집트, 리비아 등의 나라가 이러한 건조 기후에 속해요. 사막의 경우 비가 거의 오지 않아 농작물을 기르는데 큰 어려움이 있었어요. 그래서 사람들은 주로 큰 강 주변에 모여 살았어요. 이집트의 경우 '나일강'이라는 강이 있는데, 이 강은 세계에서 가장 길이가 긴 강으로 유명해요. 이 강의 하류에는 농사짓기 좋은 환경이 만들어져서 이집트의 사람들은 대부분 이 근처에 모여 살고 있어요. 또 사막에는 오아시스라는 물웅덩이를 찾을 수 있는데, 이 근처에서 사람들이 모여 살기도 해요.

건조 기후 지역에도 비가 어느 정도 내리는 지역이 있어요. 이러한 곳에는 열대 기후 지역처럼 초원이 나타나기도 해요. 다만, 열대의 사바나보다 비가 적게 내려서 나무가 자라기는 어려워요. 그래서 키 작은 풀들이 광활하게 펼쳐진 모습을 주로 볼 수 있어요. 가장 대표적인 곳이 아시아에 있는 몽골의 초원이에요.

몽골은 중국과 러시아 사이에 있는 나라예요. 예로부터 초원 지역에서는 비가 적게 내려서 농사를 짓기가 어려웠어요. 그래서 소, 말, 양, 염소, 낙타 같은 가축을 주로 길렀지요. 이런 가축들의 젖, 고기, 가죽은 사람들이 생활하는 데 없어선 안 되는 소중한 자원이었어요. 그런데 초원 지역에서 가축을 기르는 데에는 문제가 한 가지 있었어요. 먹이가 충분하지 않다는 점이지요. 그래서 몽

골 사람들은 가축을 데리고 이러저리 옮겨 다니는 생활을 했어요. 한 곳에 머물렀다가 그 일대에 가축의 먹이가 줄어들면 *목초지를 찾아 이동하는 거지요. 이렇게 한 곳에 정착하지 않고, 떠돌면서 생활하는 것을 '유목 생활'이라고 해요. 그리고 유목 생활을 하는 사람들을 가리켜 '유목민'이라고 해요. 1년에 몇 번씩 살 곳을 옮겨야 하는 유목민들은 우리처럼 나무와 돌, 흙으로 집을 지을 수 없었어요. 그래서 '게르'라고 하는 천막을 치고 생활했어요. 지금은 문명이 발전해서 유목민들의 수가 줄었지만 몽골을 포함해서 전 세계에는 아직도 몇 천만 명의 유목민이 있어요.

★ 목초지 가축이 뜯어먹을 수 있는 풀이 자라는 곳을 말해요.

👆 문해력 쏙쏙

ㅇ ㄷ 기후 지역은 주로 저위도 지역에서 나타나며, 일 년 내내 매우 덥고 강수량이 많은 지역이다. ㄱ ㅈ 기후 지역은 위도 20°~40° 부근에서 주로 나타나며, 비가 거의 오지 않는 지역과 비가 어느 정도 내려 초원을 이루는 지역으로 나뉜다.

==온대 기후 지역==은 예로부터 농업이 크게 발달했어요. 작물이 자라기에 온도가 적당하고, 강수량도 충분하기 때문이에요. 우리나라를 비롯한 아시아의 많은 지역에서는 벼농사가 활발하게 이루어졌어요. 그래서 우리의 식탁에는 하얀 쌀밥이 매번 올라와요. 반면에 우리와 같은 온대 기후에 속하는 유럽에서는 밀농사가 발달했어요. 그래서 유럽 사람들은 밀가루를 이용한 빵이나 파스타를 주로 먹게 되었어요. 유럽 사람들이 건너가 세운 미국이나, 캐나다, 오스트레일리아 사람들도 밥보다는 빵이 더 익숙해요. 대표적인 서양 음식이라고 할 수 있는 피자, 햄버거도 밀가루로 만든 빵이 들어가지요? 온대 기후는

벼나 밀뿐만 아니라 여러 과일, 꽃도 재배하기 좋은 기후예요. 그래서 유럽에는 엄청나게 넓은 지역에 포도나 올리브를 재배하기도 해요.

다양한 자연환경을 접할 수 있는 온대 기후 지역은 예로부터 사람들이 살기에 좋았어요. 작물이 잘 자라서 농사짓기에도 좋고, 나무나 돌도 쉽게 구할 수 있어서 정착할 집을 짓기에도 좋았지요. 특히 식량을 풍부하게 얻을 수 있다는 점은 사람이 살기에 아주 좋은 조건이에요. 지금도 전 세계 인구의 반절 정도가 온대 기후 지역에서 살고 있어요. 우리를 비롯해서 영국, 프랑스, 스페인 같은 유럽의 주요한 나라들, 중국, 일본, 미국 등의 나라가 온대 기후 지역에 속해 있어요.

==냉대 기후 지역==은 아시아와 북아메리카, 유럽의 북부에서 주로 나타나요. 냉대 기후 지역에 속하는 나라는 대표적으로 러시아, 캐나다, 핀란드 등이 있어요. 냉대 기

후는 겨울이 워낙 추워서 곡식이 잘 자라지 않아요. 물론 여름에는 밀이나, 감자, 옥수수 같은 작물을 기를 수 있지만 긴 겨울에는 농사를 짓기가 어려워요. 대신 곧고, 길게 뻗은 *침엽수가 가득한 숲이 있어요. 러시아의 대부분 지역은 이런 침엽수림이 자리하고 있어요.

　나무는 항상 사람들의 생활에 큰 도움이 돼요. 게다가 우뚝 솟아 자라나는 침엽수는 여러모로 활용할 곳이 많지요. 가장 대표적 예가 통나무집이에요. 통나무로 집을 만들려면 적당히 굵고, 곧게 자란 나무가 필요하잖아요? 그래서 냉대 기후에 속한 지역에서는 통나무집을 많이 볼 수 있어요. 그리고 나무는 건축 자재가 될 뿐만 아니라 가구의 재료로도 쓰여요. 또 우리가 항상 사용하는 종이는 '펄프'라는 재료로 만드는데, 이것도 나무에서 얻어

＊ **침엽수** 잎이 바늘처럼 뾰족한 나무를 말해요.

요. 침엽수림은 냉대 기후 지역에 사는 사람들에게 없어서는 안 될 중요한 자원이에요.

마지막으로 한대 기후 지역은 주로 고위도 지역에서 찾을 수 있어요. 이 지역은 일 년 내내 춥기 때문에 동물도, 식물도 살기 어려운 환경이에요. 게다가 오랜 기간의 추위로 땅이 얼어서 녹지 않는 '영구동토'가 나타나기도 해요. 물론 여름에는 표면이 살짝 녹아서 이끼나 풀이 자라기도 하지만 곡물을 재배하기에는 어림도 없지요.

하지만 사람들은 이런 혹독한 환경에도 잘 적응하며 살아가요. 건조 기후 지역의 초원에서 농사를 지을 수 없

었던 사람들이 어떻게 생활했는지 기억하지요? 바로 유목 생활이었어요. 마찬가지로 한대 기후 지역에도 유목 생활을 하는 사람들을 볼 수 있어요. 다만, 양이나 염소가 아니라 순록을 길렀어요. 산타클로스의 썰매를 끌어 주는 루돌프가 바로 순록이에요. 노래에서 루돌프의 코가 빨갛다고 하잖아요? 실제로 순록의 코는 추위를 견디기 위해 피가 모여들어서 신체의 다른 부위에 비해서 빨갛게 보여요.

　기술이 발달하면서 사람들은 한대 기후 지역에 석유나 천연가스 같은 지하자원이 풍부하다는 것을 알게 되

었어요. 그래서 한대 기후에 속한 나라들은 지하자원을 개발해서 다른 나라에 수출했지요. 특히 러시아는 천연가스를 유럽의 많은 나라와 중국, 일본 등에 수출하고 있어요.

또 그동안 사람의 발길이 닿지 않았던 극지방에는 자연환경을 연구하기 위해 여러 나라에서 연구소나 기지를 세우기도 했어요. 극지방의 생태계나 기후 변화 등을 연구하고 있지요. 우리나라도 남극에는 '세종과학기지'와 '장보고과학기지'를, 북극에는 '다산과학기지'를 건설해서 꾸준히 연구 활동을 벌이고 있어요.

지금까지 지구의 다양한 기후와 사람들의 생활 모습을

살펴봤어요. 한 가지 당부하고 싶은 점은 지금까지 배운 여러 기후 지역은 학자들이 나름의 기준을 정해서 구분한 것이라는 점이에요. 실제 기후 지역은 자로 재고 칼로 자른 것처럼 분명하게 나눠지지 않아요.

또한 최근에는 냉대 기후 지역에 폭염이 발생하거나, 열대 우림에 가뭄이 발생하는 등 이상 기후가 심해지고 있어요. 그래서 기후와 같은 자연환경은 사람들의 삶에 모습에 대단히 중요한 영향을 준다는 점을 꼭 잊지 않아야겠어요.

문해력 쏙쏙

ㅇ ㄷ 기후 지역은 온도와 강수량이 적당해서 예로부터 농업이 크게 발달했다. ㄴ ㄷ 기후 지역은 겨울이 길어 농사를 짓기가 어렵지만, 여름에 밀이나 감자, 옥수수 같은 작물을 기르고 임업이 발달했다. ㅎ ㄷ 기후 지역은 일 년 내내 춥기 때문에 동물이나 식물이 살기 어려운 환경이다.

우리는 기후가 사람들의 생활 모습에 대단히 큰 영향을 끼친다는 걸 알았어요. 그런데 이상한 일이지요. 같은 기후에 산다면 같은 생활 모습이 나타나야 할 텐데 꼭 그런 것만은 아니에요.

예를 들어 같은 온대 기후에 속하는 우리나라와 유럽만 하더라도 우리는 벼농사가 중심이고, 유럽은 밀농사가 중심이잖아요? 또한 우리는 제사라는 풍습이 있는데, 유럽이나 미국은 이러한 풍습이 없어요. 다시 말해, 사람들의 생활 모습은 기후뿐만 아니라 다양한 것들에 의해 결정된다는 거예요. 그래서 이번에는 세계에 어떤 삶의 모습들이 있는지, 의식주를 중심으로 살펴보려고 해요.

먼저 의생활부터 볼까요? 요즘에는 전 세계가 많은 교류를 하기 때문에 입는 옷이 비슷비슷해졌어요. 공장에서 만드는 다채로운 색과 형태의 옷을 입지요. 하지만 국제적인 교류가  활발하지 않던 과거에는 그렇지 않았어요. 각 지역마다 나라마다 특색 있는 전통 의상이 있었어요.

우리나라 사람들은 '한복'을 입었어요. 우리나라는 계절에 따라 기온 차이가 심하기 때문에 옷도 계절에 따라 다르게 입어야 했어요. 여름에는 모시나 삼베와 같이 식물의 줄기를 이용한 옷감이나, 비단처럼 누에고치에서 뽑아낸 실을 이용한 옷감으로 옷을 만들었어요. 그리고 추운 겨울에는 옷을 여러 겹 껴입고, 동물의 털을 덧대거나, 솜을 넣어 만든 옷을 입었어요.

반면 열대 초원 지역에 사는 '마사이'라고 하는 유목 민족은 동물의 가죽을 이용해서 '시카'라는 붉은 색 전통의상을 만들어 일 년 내내 입었어요. 시카는 우리의 한복처럼 상의와 하의가 구분되어 있지 않아요. 큰 옷감을 몸에

두르고 묶는 방법으로 옷을 착용해요. 더불어서 마사이족은 전통적으로 신발을 신지 않는 것으로도 유명해요. 하지만 시간이 흘러 여러 다른 나라와 교류하면서 최근에는 가죽이 아닌 천을 이용해서 시카를 만들거나, 신발을 신는 사람들이 많아졌어요.

옷감을 *재단하지 않고 만든 전통 의상으로는 인도의 '사리'가 있어요. 사리는 인도 여성들이 결혼한 이후에 입는 옷이었는데, 4~8m의 긴 옷감을 재단하거나 바느질하지 않고 몸에 둘러서 걸쳤어요. 여기에는 조금 특별한 이유가 있는데, 인도에 널리 퍼진 종교인 힌두교에서는 바느질이 옷감의 영혼을 상처 입힌다고 믿었어요. 그래서 우리의 입장에서는 특이해 보이는 전통 의상이 생겨난 거예요. 그렇다면 매우 추운 한대 기후 지

★ 재단하다 옷감이나 나무를 치수에 맞도록 재거나 자른다는 뜻이에요.

역의 전통 의상은 어떻게 생겼을까요? 한대 기후 지역의 대표적인 민족인 '이누이트족'은 주로 동물 가죽을 이용해서 옷을 만들었어요. 한대 지방의 동물들은 추위를 견뎌야 하기 때문에 굉장히 촘촘한 털을 가지고 있어요. 그래서 이런 동물 가죽을 이용해서 온 몸을 따뜻하게 감쌀 수 있는 '아노락'이라는 옷을 만들어 입었어요.

👉 **문해력 쏙쏙**

우리나라의 한복이나 케냐의 시카, 인도의 사리 같이 세계 여러 나라의 ㅈ ㅌ ㅇ ㅅ 은 그 지역의 자연환경과 종교, 풍습 같은 인문환경의 영향을 받았다.

　이번에는 식생활을 알아볼까요? 여러분들이 좋아하는 음식은 어떤 것이 있나요? 전 세계에는 굉장히 다양한 요리가 있어요. 같은 재료를 이용한다고 하더라도 굽기, 튀기기, 삶기 등 요리 방법에 따라 무수히 다양한 요리를 만들 수 있지요. 의복과 마찬가지로 과거와 달리 최근에는 전 세계의 다양한 음식을 우리나라에서도 맛볼 수 있어요. 하지만 우리나라에서는 찾기 어려운 재료로 만드는 음식들도 많이 있기 때문에 외국으로 *식도락 여행을 다니기도 해요. 그러면 본격적으로 세계의 음식들을 살펴볼까요?

✱ **식도락** 여러 가지 음식을 맛보는 것을 즐거움으로 삼는 일을 말해요.

오세아니아 대륙의 뉴질랜드에는 매우 특이한 요리 방법이 있어요. '항이'라고
하는 마오리족의 요리법인데, 고기와 야채를 땅의 열로 쪄내는 것을 말해요. 땅의 열이라니 신기하지요? 뉴질랜드는 화산 활동으로 만들어진 섬이에요. 지금도 활발하게 활동하는 화산이 있어요. 3년 전에는 화산이 폭발한 일도 있었지요. 이런 화산 지대에는 깊은 땅 속에 뜨거운 마그마가 있어서, 그 일대의 땅을 따뜻하게 덥혀주기도 해요. 이렇게 생긴 열로 지하수가 뜨거워져서 지표면으로 나오면 온천이 되는 거예요. 마오리족은 이 열을 이용해서 음식을 조리하는 방법을 찾은 거지요.

베트남의 대표적인 음식에는 뭐가 있지요? 바로 우리에게도 익숙한 쌀국수예요. 쌀국수는 소고기를 삶아서 우려낸 국물에 쌀로 만든 면과 채소, 향신료를 넣어 먹는 음식이에요. 그런데 우리가 알고 있는

소고기 국물의 쌀국수는 사실 그리 전통적인 음식이 아니에요. 쌀국수의 유래에 대한 설은 여러 가지가 있지만 모두 하나의 역사적 사실과 관련이 있지요. 베트남은 1800년대 중반부터 약 90년간 프랑스의 식민지였어요. 그래서 프랑스 음식 문화의 영향을 받아 소고기를 식재료로 이용하게 된 거예요. 사실 농사를 짓는 사람들의 입장에서 소는 없어서는 안 될 중요한 동료였어요. 그래서 소고기로 요리하는 음식은 쉽게 먹을 수 없었지요. 이건 우리나라도 마찬가지예요. 지금 소고기를 즐겨 먹을 수 있는 것은 소를 이용해서 농사를 짓지 않고, 다른 나라에서 소고기를 수입하기 때문이에요.

또 세계적으로 유명한 음식에는 '케밥'도 있어요. 중앙아시아에 있는 튀르키예의 대표적인 음식이지요. 케밥은 꼬챙이에 끼워 불에 구운 고기를 의미하는데, 여기에는 과거 유목 생활을 하던 풍습과 관련이 있어요. 유목 생활을 하기 위해서는 쉽고, 빠르게 이동해야 했기 때문에 거창한 주방이나 조리 기구를 갖추기 어려웠어요. 그래서 고기를 작게 조각내서 불에 구워 먹는 방법을 택했지요.

케밥에는 또 다른 특징이 있어요. 케밥의 종류는

200가지가 넘는데, 돼지고기는 사용하지 않는다는 점이에요. 주로 사용하는 고기는 양고기나 소고기, 닭고기예요. 이건 튀르  키예 사람들이 믿는 종교와 관련이 깊어요. 튀르키예 사람들은 대부분 '이슬람'이라는 종교를 믿고 있어요. 그런데 이슬람에는 '할랄'이라고 해서 먹을 수 있는 음식과 '하람'이라고 해서 먹을 수 없는 음식을 명확하게 구분해요. 돼지고기는 '하람'에 속해서 먹을 수 없는 식재료인 거지요. 이와 비슷하게 인도 사람들이 주로 믿는 '힌두교'는 소를 신성하게 생각해서 소고기를 먹지 못하게 하고 있어요.

👍 **문해력 쏙쏙**

세계 여러 나라의 식생활은 그 나라의 자연환경뿐만 아니라 ㅍㅅ, ㅈㄱ 같은 인문환경의 영향을 많이 받는다.

　마지막으로 주생활에 대해 알아볼게요. 주생활은 특히나 자연환경의 영향을 많이 받아요. 어떤 기후 지역인지, 어떤 지형인지에 따라 가옥의 형태가 다양하게 나타나지요. 세계에는 어떤 집이 있는지 살펴볼까요?

　오세아니아의 파푸아뉴기니는 열대 기후 지역에 속해 있는 섬나라예요. 열대 기후의 특징을 기억하나요? 매우 덥고, 습하다는 점이에요. 그리고 비가 많이 내리지요. 그래서 이곳의 사람들은 집을 지을 때 땅바닥에 바로 짓지 않았어요. 우선 나무 기둥들로 층을 만들고, 그 위에 집을 지었지요. 이렇게 하면 땅에서 올라오는 열기를 피할 수 있고, 집 아래로 바람이 통하기 때문에 습기를 줄일 수 있었어요. 이런 형태의 집을 '고상 가옥'이라고 해요. 또 태국이나 미얀마 같은 동남아시아에서는 아예 물속에 말뚝을 박고 집을 짓기도 해요. '수상 가옥'

이라고 하는데, 더위를 막는 것은 물론이고, 모기같은 해충을 막아 주기도 해요. 특히 물고기 같은 식량도 쉽게 구할 수 있지요. 자연환경에 적응한 대표적인 주생활 모습이에요.

  나무를 구하기 어려운 사막에서는 어떤 재료로 집을 지을까요? 바로 진흙이에요. 이러한 집들은 평평한 지붕을 가졌어요. 왜 그럴까요? 보통은 지붕을 'ㅅ'자 형태로 만들잖아요? 사막은 그럴 필요가 없기 때문이에요. 가옥의 지붕이 'ㅅ'자 형태로 되어 있는 것은 비가 왔을 때 빗물이 고이지 않게 하기 위함이에요. 그런데 사막은 비가 거의 오지 않지요? 그래서 지붕이 평평해도 문제가 없어요. 또한 사막의 집들은 뜨거운 열기와 모래 바람을 막기 위해서 두꺼운 벽과 작은 창문을 가졌다는 특징이 있어요.

이 밖에도 튀르키예의 *동굴집이나, 북극해 연안에 사는 이누이트족의 *이글루도 다양한 자연환경에 적응한 사람들의 모습을 잘 보여주고 있어요.

자연환경과 더불어 그 지역에 사는 사람들의 문화가 주생활에 영향을 주기도 해요. 건조 기후 지역을 배울 때 초원이 많은 몽골에서는 유목 생활을 한다고 했는데 기억하지요? 계속 이동해야 하는 유목민들의 집은 쉽게 설치하고 해체할 수 있어야 해요. 그래서 몽골에서는 텐트처럼 생긴 '게르'에서 생활한답니다.

✱ **동굴집** 단단하지 않은 바위의 속을 파서 지은 집을 말해요.
✱ **이글루** 얼음과 눈덩이로 둥글게 만든 집을 말해요.

문해력 쏙쏙

세계 여러 나라의 가옥 형태는 주로 ㅈ ㅇ ㅎ ㄱ 의 영향을 많이 받았다.

　세계에는 비슷한 자연환경을 가진 곳들이 있어요. 그런데 자연환경이 비슷하다고 하더라도 나라마다 다양한 문화가 나타나요. 그 이유가 무엇인지 말할 수 있나요? 바로 종교, 풍습, 산업, 역사적 경험과 같은 인문환경이 다르기 때문이에요. 정리하자면 사람들의 생활 모습, 다시 말해 문화는 다양한 자연환경뿐만 아니라 인문환경의 영향을 받아 더욱 다양한 모습으로 나타나요.

　지금까지 세계의 다양한 생활 모습을 살펴봤어요. 우리와 다른 모습들이 재미있고 신기해 보일 거예요. 그런데 우리가 놓쳐서는 안 되는 중요한 점이 있어요. 다른 나라의 문화를 접하다 보면 재미와 신기함을 넘어 이해

하기 어렵다거나 기괴하다고 느껴지는 것이 있을 수 있어요. 그래서 그러한 문화를 가진 사람들을 무시하거나 *비하하기도 해요. 또는 잘못된 것이라고 *매도하기도 하지요.

예를 들어 인도 사람들은 손으로 음식을 먹는 게 익숙해요. 그래서 지금도 인도에 가면 음식을 손으로 집어서 먹는 모습을 볼 수 있지요. 이 모습을 보고 어떤 사람들은 비위생적이라고 이야기하면서 '좋지 않은' 문화라고 하기도 해요.

하지만 인도 사람들이 아무 생각 없이 음식을 손으로 집어 먹는 게 아니에요. 우선 음식을 먹을 때는 반드시 손을 깨끗하게 씻어요. 식당에 있는 숟가락이나 포크는 누가 사용했었는지 알 수 없어서 자기 손보다 깨끗하지 않다고 생각한답니다. 그리고 음식을 먹을 때는 꼭 오른손만 사용해요. 인도에는 '좋은 것은 오른손, 나쁜 것은

✱ 비하하다 깔보거나 낮춘다는 말이에요.
✱ 매도하다 심하게 욕하며 나무란다는 뜻이에요.

왼손'이라는 풍습이 있어서 다른 사람과 악수를 할 때도 오른손으로만 악수를 해요. 또 손으로 음식을 먹을 때 흘리거나 입에 묻히지 않는 방법도 익히고요.

사실 손으로 음식을 먹는 것은 우리도 마찬가지예요. 바로 '쌈'이지요. 고기를 구워 먹을 때 상추나 깻잎 같은 채소 잎에 고기와 각종 반찬, 장을 올려서 싸 먹잖아요? 유럽이나 미국 같은 서양에서는 이렇게 손으로 음식을 쌈 싸 먹는 걸 쉽게 볼 수 없어요. 그래서 서양 사람들도 우리의 이런 모습을 보고 신기해하기도 해요.

다른 예도 살펴볼게요. 아프리카 가나의 어떤 부족은 장례식을 할 때 음악을 틀고, 춤을 춰요. 마치 축제 같아요. 한때 동영상 스트리밍 서비스를 통해서 유행했던 일명 '관짝 춤'을 알고 있나요? 여러 사람이 관을 들고 이동하면서 음악에 맞춰 춤을 추는 영상이에요. 이러한 장례 문화는 우리나라뿐 아니라 대부분의 나라들에게 익숙하지 않아요. 우리

는 엄숙하고 슬픈 분위기로 장례를 치르거든요. 우리를 비롯해 세계 여러 사람들은 이 모습을 보고 재미있어 하기도 했지만 인상을 구기기도 했어요.

하지만 이러한 장례식 문화에는 그 사람들 나름의 이유가 있어요. 그들은 죽음을 새로운 시작이나 여행이라고 생각해요. 우리가 흔히 말하는 천국 같은 곳으로의 여행이지요. 죽음을 슬퍼하지 말고, 즐겁게 다른 세상으로 떠나라는 의미를 담아서 장례를 치러요. 더불어 유족들도 가족의 죽음에 좌절하지 않기를 바라는 마음이 담겨 있지요. 게다가 모든 장례식을 이렇게 축제처럼 치르지는 않아요. 병이나 사고와 같이 불운하게 사망한 경우에는 우리가 아는 것처럼 *경건하게 장례를 치러요. 나이가 들어서 자연스럽게 사망하는 경우에만 축제처럼 장례식을 치르지요.

이 밖에도 세상에는 우리가 처음 접하는, 그래서 이해하기 어려운 문화들이 많이 있어요. 반대로 외국 사람들로서는 이해하기 어려운 우리의 문화도 있지요. 세계에

★ 경건하다 공손한 마음으로 행동과 말을 조심한다는 말이에요.

는 다양한 문화가 있어요. 중요한 건 서로 다른 모습을 이해하고 존중해 주어야 한다는 거예요. 이 점을 꼭 잊지 않길 바랄게요.

 문해력 쏙쏙

ㅁ ㅎ 는 다양한 자연환경뿐만 아니라 인문환경의 영향을 받아 더욱 다양한 모습으로 나타난다. 따라서 서로 다른 ㅁ ㅎ 를 이해하고 존중할 수 있어야 한다.

 문해력 튼튼

● 다음 글을 읽고, 질문에 답해 보세요.

아무리 중국 문화로 포장해도 부채춤은 한국 문화입니다

사이버 외교 사절단 반크가 "부채춤은 한국의 국산품, 중국의 문화로 아무리 포장해도 부채춤은 한국 문화입니다"라는 포스터를 만들어 6일부터 SNS(누리 소통망 서비스)에 배포하고 있다.

이 포스터는 한국어와 영어로 제작돼 있으며 반크가 중국의 문화 *제국주의에 반대하기 위해 만든 것이다.

포스터 오른쪽 상단에는 부채춤이 한국의 문화임을 강조하는 태극 마크가 선명히 그려져 있다. 포스터 배포와 함께 글로벌 청원도 제기해 국제 사회의 호응을 끌어내겠다는 계획이다.

청원에 따르면 부채를 활용해 추는 부채춤은 한국 전통춤의 근·현대화 과정에서 성장한 음양의 조화가 돋보이는 춤이자, 한국의 정서가 깊이 묻어있는 대표적인 공연 예술이다.

그런데 중국 바이두(百度) 백과사전에서 '부채춤'을 검색

하면 "부채춤은 한족, 하니족, 조선족 등의 민족이 오랜 역사를 거치며 각자 다른 특징을 형성한 중국 민간 전통 무용 형식 중의 하나"라고 소개하고 있다.

그러면서 "조선족 부채춤은 조선족 전통 무속에서 유래한 것으로 후에 공연 춤으로 발전했다. …… 조선족 특유의 리듬과 함축적이면서도 드러나지 않는 내면 정서, 곡선적인 율동, 자유로운 퍼포먼스를 표현했다"고 설명한다.

조선족이 중국의 일원이기 때문에 조선족의 문화는 전부 중국 문화에 해당한다는 것이다. 따라서 부채춤 역시 중국 문화라는 것이 이들의 논리다.

중국은 부채춤뿐 아니라 한복, 판소리 등도 중국의 것이라고 주장하고 있다.

대표적인 것이 한복 논란으로, 지난 2월 열린 베이징 동계 올림픽 개막식 당시 한복을 입은 소녀가 등장해 논란이 된 바 있다.

중국은 수년 전부터 한복을 '한푸(漢服)'라고 하면서 자신들이 원조라고 주장하고 있다. 이를 들어 네티즌들은 "중국이 한복을 훔치려 한다."라는 비판적인 반응을 보였다.

 또한 최근 중국이 우리나라의 아리랑 민요를 자국의 문화로 둔갑시키려는 움직임을 보이기도 했다.

 지난달 16일 반크에 따르면 중국의 최대 포털사이트인 바이두는 "아리랑은 조선족의 문화이며 조선족이 중국의 일원이기 때문에 이들 문화는 모두 중국 문화의 일부"라고 주장하고 있으며 한국의 민요 역시 중국의 문화에 해당한다는 주장도 있다.

 반크는 이러한 주장을 '문화 제국주의'로 단정하고 이에 반대하는 캠페인을 여러 차례 펼쳐왔다.

 반크는 청원에서 세계인들에게 "한국의 문화를 가져가려 하는 중국의 문화 제국주의를 강력히 비판한다. 청원에 참여해 이러한 문화 제국주의를 막고 한국의 유산을 지켜 달라"고 호소했다.

＊제국주의 강력한 군사력을 바탕으로 다른 나라를 지배하여 세력을 키우려는 것을 말해요.

- 기사에 등장하는 사건과 같은 일이 반복적으로 일어나면 어떤 문제를 겪게 될까요?

- 이러한 일이 일어나지 않기 위해 우리 모두는 어떤 태도로 다른 나라 문화를 대해야 하나요?

우리나라와 가까운 나라들

　지금까지의 내용을 잘 이해한 친구라면 세계에는 다양한 자연환경이 있고, 더 다양한 생활 모습이 있다는 걸 알 거예요. 그런데 우리는 왜 다른 나라의 생활 모습까지 공부하고 있는 걸까요? 우리의 자연환경, 인문환경을 공부하는 것도 빠듯한데 말이에요. 그 이유는 한 단어로 말할 수 있어요. 바로 '교류'예요.

　여러분들이 가장 많이 사용하는 전자 기기는 스마트폰일 거예요. 스마트폰은 교류의 결과물이에요. 여러 나라의 기술과 부품이 교류를 통해 모여서 스마트폰이 만들어지기 때문이에요. 만약 여러 나라들이 교류하지 않았다면, 여러분들 손에는 스마트폰 대신 붓과 종이가 들려

있을 지도 몰라요.

그 밖에 우리가 일상생활에서 이용하고 있는 대부분의 것들이 교류를 통해 만들어졌어요. 재료를 수입해서 물건을 만들거나, 물건 그 자체를 수입하기도 해요. 또 물건뿐만 아니라 세상에 대한 여러 가지 지식을 교류를 통해 나누어요. 그래서 우리는 세계의 여러 나라들에 대해 관심을 갖고 알아가야 해요. 서로를 이해하고, 존중하고, 협력함으로써 더 좋은 세상을 함께 만들어가는 거지요.

여러분들이 교실에서 공부를 하고 있다고 상상해 볼게요. 이런, 글자를 잘못 썼어요. 그런데 지우개가 없네요. 그렇다면 여러분은 어떤 친구에게 지우개를 빌리겠어요? 아마 옆에 있는 짝꿍이나, 모둠원들이겠지요? 여러분들이 아파트에 살고 층간소음을 느낀다면, 그 소음은 어디에서 오는 걸까요? 보통은 윗집일 거예요. 가까이 있다는 건 그만큼 많은 영향을 주고받는다는 의미예요.

나라도 마찬가지예요. 서로 이웃한 나라들끼리는 싫든 좋든 많은 영향을 주고받아요. 그러니 다른 나라와의 교류에 대해 알아보려면 우리와 이웃한 나라부터 시작해야겠지요? 우리나라는 동쪽으로는 일본, 북쪽으로는 러시

아, 서쪽으로는 중국과 이웃하고 있어요. 그래서 이 나라들부터 자세히 알아볼게요.

<mark>일본</mark>은 태평양과 *인접한 나라로, 크고 작은 섬들로 이루어져 있어요. 전체적으로 온대 기후에 속하지만 위아래로 길쭉해서 남쪽과 북쪽의 기후가 달라요. 특히 북쪽의 홋카이도는 냉대 기후에 속하지요. 그래서 남쪽에 있는 오키나와에서는 따뜻한 곳에서 자라는 야자나무를 볼 수 있는 반면, 북쪽의 홋카이도에서는 겨울철에 내린 눈이 자동차를 완전히 뒤덮어 버린 모습을 볼 수 있어요.

섬나라인 일본은 우리와 마찬가지로 지하자원이 풍부하지 않아요. 그래서 우리나라처럼 원료를 외국에서 들여와 물건을 만들어 파는 공업이 발달했어요. 특히 일본의 동쪽은 태평양과 접해 있어 *해상 운송이 쉬웠기 때문에 *연안을 따라 공업 지대가 발달했어요. 자동차나 각종 전자 제품은 세계적으로 인정받는 일본의 대표 상품이에요.

✱ 인접하다 옆에 닿아 있다는 뜻이에요.
✱ 해상 운송 배로 사람을 태워 나르거나 화물을 실어 나르는 일을 뜻해요.
✱ 연안 강이나 바다 같이 물과 만나는 곳을 말해요.

일본은 화산으로도 유명해요. 2000년 이후에 불을 뿜은 활화산만 하더라도 108개나 되지요. 지난 2014년에는 도쿄의 서쪽에 있는 온타케산이 분화해서 등산객이 목숨을 잃는 일이 있었어요. 멀리 갈 것 없이 2022년 7월에는 부산에서 남쪽으로 400km 정도 떨어진 사쿠라지마 화산이 *분화했어요. 그래서 주변의 주민들이 긴급하게 대피하기도 했지요. 특히 화산으로 인한 재해는 일본 사람들만의 일이 아니에요. 화산에서 뿜어진 연기와 화산재는 바람을 타고 멀리까지 퍼지기 때문에, 우리라고 해서 강 건너 불구경 하듯이 모른 척 할 수 없어요.

화산뿐만 아니라 지진도 일본 사람들을 괴롭히는 주요한 자연재해 중 하나예요. 2015년 한 해 동안 발생한 크고 작은 지진이 1,841회나 되지요. 그 중 창문이 흔들릴 정도의 지진은 약 360회나 돼요. 지난 2011에는 일본 동쪽 바다에서 발생한 지진 때문에 엄청난 *쓰나미가 일본을 덮쳤어요. 바닷물이 해안 지역으로 밀고 들어와 사람

★ 분화하다 불을 내뿜는다는 뜻으로 화산이 터져서 용암 같은 것을 내뿜는다는 말이에요.
★ 쓰나미 바다 아래에서 발생한 지진 때문에 바닷물이 크게 일어서 육지로 넘쳐 들어오는 것이에요.

들이 사는 마을을 휩쓸었어요. 게다가 이 때문에 '후쿠시마 원자력 발전소'가 폭발하는 사고도 발생했어요. 수많은 사람들의 생명과 재산을 앗아간 비극이었지요. 원자력 발전소가 폭발했던 지역은 유출된 방사능 때문에, 10년이 넘은 지금도 사람들이 드나들기 어려워요.

재해가 일어났던 당시 우리나라를 비롯한 여러 나라들이 도움의 손길을 내밀었어요. 구조대를 *파견하기도 하고, 의약품과 생활필수품을 보내주었어요. 우리가 어려운 일이 있을 때 서로 도우며 살아가듯, 나라도 서로서로 도우며 발전해 나아가고 있어요.

★ 파견하다 어떤 임무를 주어 사람을 보내는 것을 말해요.

 문해력 쏙쏙

우리나라의 동쪽에 있는 ㅇ ㅂ 은 태평양과 인접한 나라로, 크고 작은 섬들로 이루어져 있다. ㅇ ㅂ 은 우리와 마찬가지로 지하자원이 풍부하지 않아서 원료를 외국에서 들여와 물건을 만들어 파는 공업이 발달했다.

　세계에서 국토가 가장 넓은 러시아는 약 1억 5천만 명의 인구를 가진 나라예요. 그런데 이상하지요? 면적으로 치자면 우리나라의 80배가량 되는데, 인구는 3배 정도밖에 되지 않아요. 그 이유는 러시아의 대부분이 냉대 기후에 속하기 때문이에요. 국토 전반에 걸쳐 침엽수림이 펼쳐져 있고, 동쪽은 주로 고원과 산악 지대이기 때문에 사람들이 살기에 적합하지 않아요. 그래서 러시아 인구 대부분이 비교적 온화한 남서쪽에 집중되어 있어요. 유럽과 아시아의 경계가 우랄산맥이었던 것 기억하나요? 따지고 보면 러시아 사람들의 대부분이 우랄 산맥 서쪽, 다시 말해 유럽에 산다고 할 수 있어요. 그렇기에 우리나

라나 중국, 일본과는 상당히 다른 생활 모습을 볼 수 있지요.

러시아의 국토에는 풍부한 지하자원이 있어요. 석유나 천연가스의 생산량은 세계에서도 1, 2위를 다투는 수준이에요. 게다가 철광석이나 석탄 등 광물도 풍부하지요. 우리나라의 경우 지하자원이 부족하기 때문에 러시아로부터 석유나 천연가스, 철광석 등을 많이 수입하고 있어요. 이렇게 풍부한 지하자원 덕분에 러시아는 척박한 환경에서도 산업과 기술을 잘 발달시킬 수 있었어요.

중국은 세계에서 인구가 가장 많은 나라예요. 전 세계

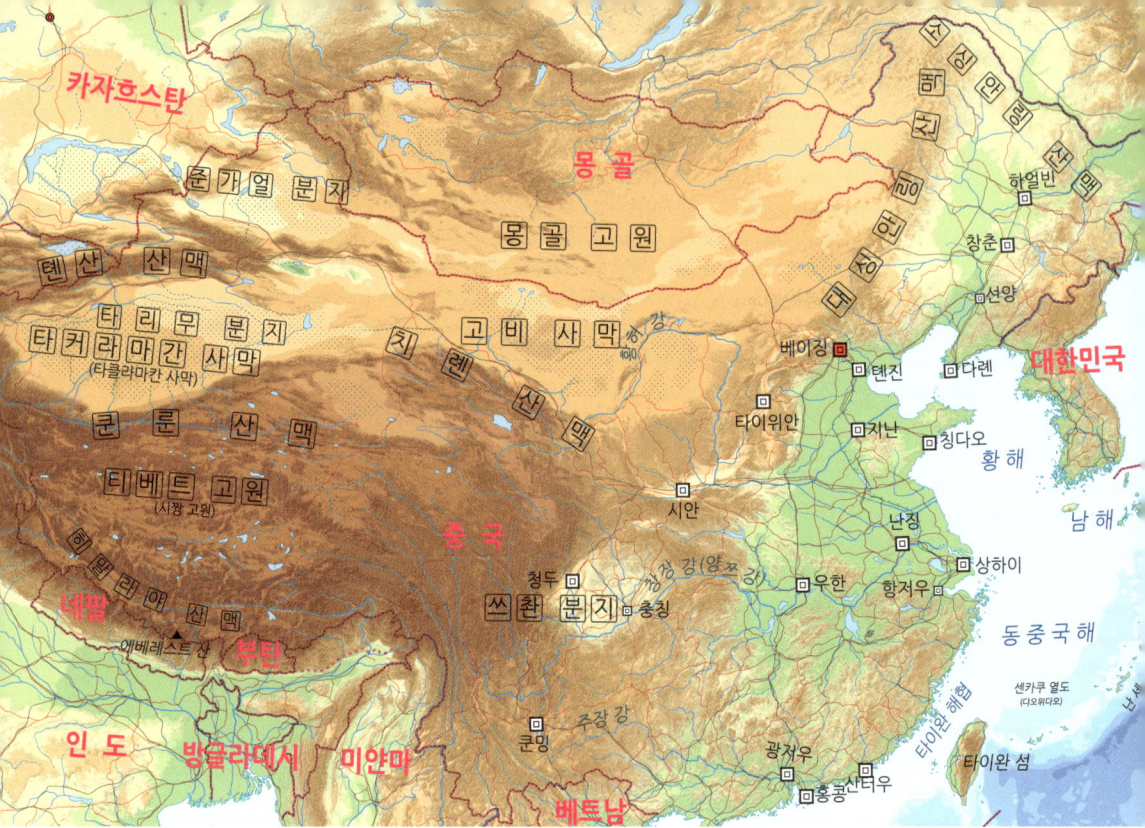

 인구가 약 80억 명인데, 중국의 인구가 약 14억 명이에요. 우리나라의 인구가 약 5천만 명인 것을 생각하면 엄청나게 많은 인구가 살고 있는 거지요.
 중국은 많은 인구만큼 넓은 국토를 차지하고 있어요. 국토가 워낙 넓어서 다양한 기후가 나타나요. 남쪽으로는 열대 기후, 동쪽으로는 온대 기후, 북쪽으로는 건조 기후, 서쪽으로는 냉대 기후와 고산 기후가 나타나요.
 앞서 사람들이 살기 좋은 기후는 어떤 기후라고 했지요? 바로 온대 기후예요. 그래서 중국 사람들은 주로 동쪽에 많이 모여 살고 있어요. 수도인 베이징이나, 인구 2,400만 명의 거대한 항구 도시인 상하이가 위치해 있지요.

건조 기후 지역에는 타커라마간 사막과 고비 사막, 쿠부치 사막이 펼쳐져 있어요. 우리나라 봄철의 자연재해 중에 '황사'가 있었던 것 기억하지요? 그 모래 먼지가 바로 이 사막에서 불어오는 거예요. 사막은 중국의 골칫거리 중 하나예요. 점점 넓어지고 있거든요. 이렇게 사막의 면적이 넓어지는 현상을 '사막화'라고 해요. 한 해에 서울특별시의 6배나 되는 면적이 사막으로 변하고 있다고 해요. 문제는 이렇게 사막이 넓어지면 사람이 살 곳을 점점 잃게 된다는 점이에요. 더불어서 우리나라는 더 심한 황사를 겪게 되겠지요. 그래서 사막화는 중국만의 문제가 아니에요. 우리가 함께 고민하고 해결해야 해요.

중국의 서쪽에는 히말라야 산맥과 인접하여 펼쳐진 티베트 고원이 있어요. 고원은 높은 곳에 펼쳐진 넓은 벌판을 말하는데, 티베트 고원은 평균 해발 고도가 4,000m나 되는 세계에서 가장 높은 고원이에요.

중국은 땅이 넓고 사람이 많은 만큼 다양한 산업이 이루어지고 있어요. 농업부터 공업, 첨단 산업까지 대규모로 이루어지고 있지요. 특히 중국의 쌀 생산량은 세계에서도 압도적인 1위예요. 우리는 중국으로부터 많은 농산물을 수입하고 있어요. 고추, 당근, 마늘, 양파, 콩, 쌀 등 다양한 식재료를 중국에서 들여와요. 2021년에는 무려 2조 원가량의 농산물을 수입했다고 해요. 그래서 이렇게 다른 나라에게 식량을 의존하면 언제가 큰 문제를 겪게 될 수 있다고 걱정하기도 해요. 실제로 2022년에 일어난 러시아-우크라이나 전쟁으로 식량 가격이 폭등해서 많은 나라들이 어려움을 겪기도 했어요.

👆 문해력 쏙쏙

우리나라의 북쪽에는 ㄹ ㅅ ㅇ , 서쪽에는 ㅈ ㄱ 이 있다. 세계에서 국토가 가장 넓은 ㄹ ㅅ ㅇ 는 사람들 대부분이 우랄 산맥 서쪽인 유럽 지역에 살고 지하자원이 풍부하다. 세계에서 인구가 가장 많은 ㅈ ㄱ 은 농업부터 공업, 첨단 산업까지 다양한 산업이 발달했다.

앞서 이웃 나라의 환경에 대해 알아봤어요. 상당히 많은 차이점을 찾을 수 있었지요. 하지만 우리나라, 일본, 러시아, 중국은 서로 이웃한 만큼 비슷한 생활 모습도 쉽게 찾을 있어요. 이번에는 우리나라와 이웃 나라 사람들의 생활 모습을 비교해 보는 시간을 가져볼게요.

비슷한 문화라고 한다면 대표적으로 문자를 떠올릴 수 있겠어요. 바로 '한자'예요. 한자는 중국에서 몇 천 년 전에 만들어진 문자예요. 이 한자가 한반도를 거쳐 일본에까지 전파되었지요. 이렇게 한자를 사용하는 나라들을 묶어서 '한자 문화권'이라고 표현해요.

중국은 지금도 한자를 그대로 쓰고 있어요. 다만, 5만

자가 넘는 한자를 모두 외우기도 힘들고, 획수가 많아 사용하기가 어려웠어요. 그래서 복잡한 한자를 간단한 모양으로 바꾼 '간체자'라는 걸 사용하기도 해요.

우리나라의 경우 세종 대왕께서 한글이라는 우수한 문자를 발명하셨기에 쉽게 읽고, 쓸 수 있게 되었어요. 다만, 우리가 사용하는 낱말은 상당수가 한자를 바탕으로 하기 때문에 우리말과 한자는 떼려야 뗄 수가 없어요. 그래서 한자를 알고 있으면 우리말을 배우기가 더 쉽지요.

일본의 경우 한자를 그대로 사용하지만 한자의 일부를 변형해서 만든 '가나'라는 문자를 함께 사용해요. '히라가나'와 '가타가나'라는 문자가 있는데, 일본의 고유한 말을 나타낼 때는 히라가나를 사용하고, 외래어나 흉내 내는 말을 나타낼 때는 가타가나를 사용하는 식이에요.

러시아의 문자는 전혀 달라요. 러시아는 유럽의 그리스 문자를 바탕으로 해서 만들어진 문자를 사용해요. 그래서 알파벳과 더 비슷해요. 대문자와 소문자도 있지요.

이처럼 지리적으로 가까운 나라들은 서로 자주 오고 가면서 비슷한 문화를 가지게 돼요. 하지만 서로의 자연환경과 인문환경이 조금씩 다르기 때문에 다른 모습도 쉽게 찾을 수 있어요.

식생활로 예를 들어볼게요. 우리나라와 중국, 일본은 모두 젓가락을 사용해요. 이건 공통점이에요. 그런데 그 생김새가 조금씩 달라요. 중국은 여러 사람이 원형 식탁에 모여 앉아서 함께 식사를 하는 문화예요. 여러 사람이 모였으니 식탁이 작으면 안 되겠지요? 그래서 음식을 커다란 접시에 담아 식탁 가운데에 놓고, 자기 그릇에 조금씩 덜어 먹어요. 문제는 앉은 자리와 음식의 거리가 멀어

서 젓가락이 짧으면 식사가 어렵다는 점이에요. 그래서 중국의 젓가락은 다른 나라보다 길쭉하게 생겼어요. 또한 중국에는 기름을 이용한 요리가 많아요. 그래서 기름진 음식을 떨어뜨리지 않기 위해 젓가락 끝을 뭉툭하게 만들었어요.

 반면에 일본은 각자의 음식을 자기 앞에 따로 두고 먹는 문화이기 때문에 젓가락이 길 필요가 없어요. 그래서 일본의 젓가락을 길이가 짧아요. 또한 섬나라인 일본의 특성상 생선을 많이 먹는데, 식사를 하면서 생선뼈를 발라내야 해요. 그래서 일본의 젓가락은 끝이 뾰족한 편이에요.

중국과 일본은 주로 나무젓가락을 사용해요. 반면에 우리나라는 금속 젓가락을 사용하지요. 김치 같은 절인 음식이나 국물 요리를 많은 먹기 때문에 나무젓가락을 사용하면 국물이 젓가락에 쉽게 스며들기 때문이에요.

그런데 뭔가 의아한 점이 있지 않아요? 비슷한 점을 이야기할 때 러시아가 빠졌지요? 우랄 산맥 서쪽에서 주로 활동한 러시아 사람들은 우리와 오고 갈 수 있는 기회가 적었기 때문에 공통점이 많지 않아요. 오히려 프랑스, 독일과 같은 유럽 사람들과 교류할 기회가 많았어요.

식생활부터 그래요. 러시아는 젓가락을 사용하지 않아요. 주식이 쌀도 아니지요. 러시아 사람들의 주식은 호밀가루나 밀가루로 만든 빵이에요. 그리고 추운 날씨 때문에 따뜻한 수프를 자주 먹어요. 그래서 러시아 사람들은 젓가락이 아닌 포크와 나이프, 숟가락을 이용해서 식사를 해요.

물론 세계적으로 교류가 활발해지면서 러시아의 식생활이 우리에게 전파되기도 했어요. 대표적인 예가 '코스요리'예요. 고급 식당에 가면 주로 볼 수 있는 메뉴인데, 여러 음식들이 한 번에 차려지는 것이 아니라 하나씩 차

례차례 나오는 방식이에요. 러시아의 경우 날씨가 춥기 때문에 음식을 한 번에 차려 놓으면 금방 식어버렸어요. 그래서 이런 식생활이 생겨나게 된 거예요.

생각해 보면 이웃 나라끼리도 이렇게 문화가 다른데, 멀리 떨어져 있는 나라와는 얼마나 많이 다를까요? 비슷한 이야기를 앞에서 하긴 했지만 세상에는 우리가 모르는 문화가 수없이 많이 있어요. 그래서 우리는 다른 나라의 문화를 접할 때 마음을 열어서 이해하고, 존중하는 자세를 가져야 해요.

 문해력 쏙쏙

우리나라와 중국, 일본은 ㅈ ㄹ 적으로 가깝기 때문에 서로 자주 오고 가면서 비슷한 ㅁ ㅎ 를 가지게 되었다. 사용하는 문자나 식생활 같은 부분에서 서로 영향을 주고받았다. 하지만 유럽과 교류가 많았던 ㄹ ㅅ ㅇ 는 공통점보다는 차이점이 많다.

　우리나라와 이웃 나라는 여러 방면에서 끊임없이 교류하고 있어요. 경제, 문화, 정치 등 일일이 꼽기도 힘들지요. 이번에는 우리가 어떤 교류를 하고 있는지 간략하게 살펴보려고 해요. 그걸 통해서 우리가 발전하기 위해 어떤 방향으로 노력해야 하는지 함께 생각해 봐요.

　사람이 살아가는데 있어 가장 중요한 건 아마도 먹고 사는 문제일 거예요. 바로 경제와 관련된 일이지요.

　경제와 관련한 가장 대표적인 교류는 *무역이에요. 수입과 수출이지요. 특히 우리나라 수출에 가장 높은 비율을 차지하는 나라가 중국이에요. 우리나라가 무역을 통

＊ 무역 나라 사이에 서로 물건을 사고파는 일을 말해요.

해 버는 돈의 25%가 중국으로부터 들어와요. 화장품이나, 반도체, 스마트폰 등이 대표적인 수출품이에요. 반대로 수입도 중국에서 가장 많이 해요. 우리는 지하자원이 부족하기 때문에 외국으로부터 원료를 사와야 한다고 했잖아요? 특히 반도체를 만들기 위해서는 희토류라는 금속이 필요한데, 전 세계 희토류의 70%가 중국에서 나와요. 원료뿐 아니라 식재료나 의류, 각종 생활 물품 등 다양한 물품들을 중국에서 수입하고 있어요. 이러한 무역은 일본이든 러시아든 마찬가지예요. 특히 러시아에서는 산업의 중요한 원료인 석유와 천연가스, 석탄 등을 수입해 오고 있어요. 만일 갑자기 교류가 끊긴다면? 당장 먹고 살 문제를 걱정해야 할 거예요.

경제뿐만 아니라 문화 교류도 이루어지고 있어요. 여러분들에게도 익숙한 대중가요가 그 대표적인 예라고 할 수 있지요. 즐길 거리뿐만 아니라 지식을 교류하기도 해요. 우리나라에 있는 외국인 유학생의 경우 40% 이상이 중국인으로, 유학생 중 가장 높은 비율을 차지하고 있어요. 우리나라도 많은 사람들이 중국, 일본, 러시아 등으로 유학을 가서 공부하고 있어요.

혹시 "어려울 때 친구가 진짜 친구다"라는 속담을 들어 봤나요? 내가 가진 것이 많거나, 잘나갈 때는 당연히 주변에 친구가 많아요. 내가 가진 조건에 끌리거든요. 그런데 내가 가진 것이 없어나 어려운 일이 생겼을 때는 그렇지 않을 수 있어요. 그래서 이 때 내 옆에 있어주는 친구는 진정으로 나를 생각해 주는 친구일 거예요. 이런 친구들은 서로가 어려울 때 함께 문제를 해결할 수 있어요. 그렇게 더 나은 삶을 가꿔갈 수 있지요.

나라도 같아요. 어떤 나라들은 여러 이유로 인해 경제적으로 어려워지기도 해요. 또 재해로 인해서 고통받기도 해요. 뿐만 아니라 나라 간에 다툼이 생기기도 하지요. 이럴 때 외면하지 않고, 힘을 합해서 문제를 해결하려는 태도가 중요해요. 앞서 이야기한 '동일본 대지진'이 일어났을 때 우리를 비롯해서 여러 나라들이 *성금을 보냈어요. 그리고 한국, 중국, 미국, 러시아에서 구조대를 파견했었지요.

나라 간 교류는 단순히 어려울 때 도와주는 것에 끝나지 않아요. 우리는 학급에서 공동의 문제를 해결하기 위

* 성금 누군가를 도우려고 마음으로 내는 돈

해 학급 회의를 하잖아요? 나라도 마찬가지로 경제, 환경과 같은 공동의 문제를 해결하기 위해 각 나라의 사람들이 모여 회의를 하기도 해요. 특히 나라의 대표가 모여 논의하는 것을 '==정상 회담=='이라고 하는데, 우리나라 대통령도 이웃 나라의 정상들과 만나 경제 협력부터 환경 문제까지 다양한 논의를 하고 있어요.

이처럼 우리는 이웃 나라와 함께 많은 교류를 하며 살아가고 있어요. 그리고 이러한 교류는 서로의 평화와 발전을 위해 끊임없이 이루어져야 해요. 그러면 환경, 경제, 역사 등 우리가 안고 있는 많은 문제들을 잘 해결해 나갈 수 있을 거예요.

👆 문해력 쏙쏙

우리나라는 이웃 나라들과 경제부터 문화, 지식까지 다양한 ㄱ ㄹ 를 하고 있다. 또한 자연재해 같이 큰 피해를 입었을 때는 서로 돕고 세계적인 문제를 해결하기 위해 ㄱ ㄹ 하기도 한다.

　지금까지 우리 주변에 있는 3개의 나라를 살펴봤어요. 그런데 선생님이 전 세계에 몇 개의 나라가 있다고 했는지 기억하나요? 195개예요. 게다가 정식으로 인정받지 못한 나라까지 합하면 200개가 넘어요. 우리는 주변에 있는 나라뿐만 아니라 지구에 있는 많은 나라들과도 교류를 하고 있어요. 여러분들이 학급의 친구들과 더불어 다른 학급의 친구들, 그리고 다른 학년의 선후배들, 나아가 다른 학교의 친구들과도 함께 어울리는 것과 같아요. 그래서 마지막으로 우리가 교류하는 세계 여러 나라들에 대해 알아보려고 해요.

　우리나라와 교류하는 나라들 중 빠뜨릴 수 없는 곳이

==미국==이에요. 여러분들에게도 너무나 익숙한 나라지요? 세계적인 전자 기기 회사인 '애플'이 있고, 다양한 소프트웨어를 개발하고 서비스하고 있는 '마이크로소프트', '구글'이라는 회사가 있는 곳이에요.

북아메리카에 위치한 미국은 세계에서 3번째로 국토가 넓고, 인구가 많은 나라예요. 국토 면적은 우리나라의 약 45배이고, 인구는 약 3억 3,480만 명이에요. 미국에는 중국과 마찬가지로 다양한 기후가 나타나요. 중위도에 위치한데다 면적이 넓기 때문이에요. 남쪽 일부 지역은 열대 기후, 동쪽은 온대 기후, 북쪽은 냉대 기후, 서쪽은 건조 기후와 고산 기후에 속해요.

여기서 질문을 한 가지 할게요. 미국 사람들은 주로 어느 쪽에 많이 살까요? 지금까지 글을 잘 읽은 친구라면 바로 답할 수 있을 거예요. 바로 온대 기후에 속하는 동쪽이에요. 미국 동부에는 수도인 워싱턴 D.C.와 세계적으로 유명한 도시인 뉴욕이 있어요. 그렇다고 서쪽에 사람이 없는 건 아니에요. 태평양 연안을 따라 로스앤젤레스, 샌프란시스코 같은 도시들이 있어요. 특히 로스앤젤레스에는 영화 산업으로 유명한 '할리우드'가 있어요.

미국에는 다양한 자연환경과 많은 사람이 있는 만큼 다양한 산업이 발달했어요. 자동차 산업, 전자 산업, 우주 산업 등이 높은 수준으로 발달했어요. 더불어서 넓은 땅과 온화한 기후 덕분에 농업도 발달했어요. 워낙 넓은 면적에 농사를 짓다보니, 사람 손으로 직접 하기 어려워 기계를 적극적으로 사용해요. 항공기를 이용해서 농약을 뿌리거나, 수확물을 담기 위해 커다란 트럭을 몇 대씩 끌고 다니기도 해요. 특히 밀과 옥수수 수확량은 세계에서 가장 많아요.

우리는 이렇게 다양한 산업이 발달한 미국과 많은 무역을 하고 있어요. 수출과 수입을 가장 많이 하는 나라가 중국이라면, 2위는 미국이에요. 미국으로부터 석유, 반도체, 항공기 등을 수입하는가 하면, 우리가 미국에 가전제품, 반도체, 컴퓨터 등을 수출하기도 해요.

동남아시아에서 우리와 많은 교류를 나누는 나라 중에는 베트남이 있어요. 앞서 언급한 쌀국수로도 유명하고, 2017년부터 베트남 축구 국가대표팀의 감독을 우리나라 사람인 박항서 감독이 맡으면서 많이 소개되기도 했지요.

동남아시아에 있는 베트남은 남쪽으로는 열대 기후,

북쪽으로는 온대 기후에 속해 있어요. 또한 수도인 하노이 근방과 남부에 평야 지역이 있어서 벼농사를 많이 짓고 있어요. 농사지을 땅이 부족한 산지에는 계단식 논을 만들기도 했지요. 그래서 세계에서도 손가락에 꼽을 정도로 많은 양의 쌀을 외국에 수출해요.

더불어 베트남은 아름다운 자연환경을 갖춘 나라이기 때문에 관광 산업이 발달했어요. 수도 하노이를 비롯해서 중부 해안에 다낭이라는 관광 도시가 있어요. 다양한 먹거리와 즐길 거리, 비교적 저렴한 물가 덕분에 우리나라 사람들이 많이 찾는 나라 중 하나예요.

또한 베트남은 동남아시아 *한류의 중심지이기도 해요. 특히 한국 드라마와 K-POP이 많은 인기를 얻고 있어요. 길거리에 한국 음악이 흘러나오기도 하고, 많은 한국 가수들이 베트남을 찾아 공연을 하기도 해요.

사우디아라비아는 미국처럼 거리는 멀지만 경제적인 교류가 많은 나라예요. 우리나라에서는 매년 많은 양의 석류를 사우디아라비아로부터 수입하지요. 우리나라의

★ **한류** 우리나라 아이돌이 부른 노래 같이 우리나라의 대중문화가 외국에서 유행하는 것을 말해요.

여러 기업은 사우디아라비아에 진출해서 건설 같은 경제 활동을 하고 있어요.

　이처럼 거리와 상관없이 우리나라와 교류하는 많은 나라들이 있어요. 우리 기업이 외국에 나가서 건물을 짓기도 하고, 우리가 만든 영화가 전 세계를 떠들썩하게 하기도 해요. 또 지구적으로 고민하고 해결해야 할 문제를 위해서 국제 연합(UN)과 같은 *국제기구를 만들기도 해요. 앞으로도 기술이 발달하면서 더 쉽게, 더 자주 세계 여러 나라와 교류하게 될 거예요. 그래서 우리는 마음을 열어 서로를 이해하고, 존중하고, 협력하려는 태도를 가져야 해요. 이 점 꼭 잊지 않길 바라요.

★ **국제기구** 어떤 국제적인 목적이나 활동을 위해 두 나라 이상의 회원국으로 이루어진 조직을 말해요.

👍 **문해력 쏙쏙**

우리나라와 이웃하지는 않았지만 다양한 분야에서 교류하는 나라로는 ㅁㄱ, ㅂㅌㄴ 같은 나라들이 있다. 북아메리카에 위치한 ㅁㄱ은 다양한 산업이 발달해 있어 우리나라와 다양한 상품을 무역을 통해 교류하고 있다. 동남아시아에 위치한 ㅂㅌㄴ은 한류가 유행하고 있고 우리나라 사람들이 관광을 많이 가는 나라이기도 하다.

문해력 튼튼

● 다음 글을 읽고, 질문에 답해 보세요.

세계를 위협하는 우크라이나 러시아 전쟁

　러시아의 우크라이나 침공에 따른 여파가 확산되면서 전 세계 17억 명의 생활을 위협하고 있다는 국제 연합의 경고가 나왔다. 13일(현지 시간) 국제 연합은 공식 보고서를 통해 코로나19와 기후 변화로 이미 타격을 입은 세계 경제가 우크라이나 전쟁으로 더욱 악화됐다고 지적하면서 식품과 에너지, 금융 등 '3차원 위기'를 경고했다. 식품·에너지 가격은 치솟고 *개발 도상국의 부채 부담은 더 높아졌다. 국제 연합 보고서에 따르면 3가지 위기 가운데 하나 이상에 '심각하게 노출된' 사람은 아프리카, 아시아·태평양, 중남아메리카 등 107개국 17억 명에 이르며, 이 가운데 5억 5,300만 명은 이미 빈곤층이며, 2억 1,500만 명은 영양 결핍 상태다. 더구나 식품·에너지·금융 등 3가지 위기가 한꺼번에 닥친 이른바 '퍼펙트 스톰'에 현저히 노출된 사람들이 69개국 12억 명이라고 추산했다.

　국제 연합은 러시아와 우크라이나를 세계의 '빵 바구니'에

비유하면서 밀과 옥수수 가격이 연초보다 30% 이상 올랐다고 밝혔다. 이들 두 나라에서 밀의 50% 이상을 수입하는 나라는 *중동과 북아프리카 등 36개국이라고 설명했다. 또 비료 사용 감소 등의 영향으로 곡물 시장의 혼란이 내년까지 이어질 가능성이 있다고 우려했다.

에너지 시장에서는 석유·천연가스 가격 급등이 장기적 영향을 끼칠 것으로 전망했다. 이런 불안감 속에서 세계 각국은 그간의 탄소 저감 노력에 역행해 *화석 연료 투자로 돌아가거나 아니면 외국 에너지에 대한 의존을 줄이기 위해 대체 에너지 개발을 가속하는 2가지 길을 추구하게 될 것으로 내다봤다.

국제 연합은 또 세계 부채 위기가 임박했다면서 개발 도상국들의 부채 조달 비용이 늘어나고 있다고 지적했다. 전쟁 전에도 이미 개발 도상국들은 수출 대금의 평균 16%를 *대외 채무 상환에 써왔는데 이런 부담이 전쟁 이후 더욱 높아진 것이다.

안토니우 구테흐스 국제 연합 사무총장은 "전쟁으로 식

품·에너지·금융의 3차원 위기가 빠르게 다가오고 있다"면서 "우리는 현재 많은 개발 도상국 경제를 황폐화할 위험이 있는 퍼펙트 스톰에 직면했다"고 말했다.

이날 국제통화기금(IMF)과 세계은행, 세계식량계획(WFP), 세계무역기구(WTO)도 함께 성명을 내고 세계 각국이 식량 안보를 위해 공동 행동에 긴급히 나설 것을 촉구하면서 각국 정부는 식품이나 비료의 수출을 막아서는 안 된다고 강조했다.

이런 기류를 반영한 듯 국제통화기금(IMF) 게오르기에바 총재는 14일(현지 시간) 올해와 내년 세계 경제 성장률을 하향 조정할 방침임을 밝혔다.

★ 개발 도상국 산업과 경제 개발이 선진국보다는 뒤떨어진 나라를 말해요.
★ 중동 이란, 사우디아라비아처럼 주로 서아시아 지역을 말해요.
★ 화석 연료 먼 옛날에 죽은 생물이 땅속에 묻혀 화석처럼 변해서 오늘날에는 연료로 사용하는 석탄이나 석유, 천연가스 같은 물질을 말해요.
★ 대외 채무 상환 다른 나라로부터 얻은 빚을 갚는 것을 말해요.

- 러시아와 우크라이나의 전쟁으로 세계 여러 나라는 어떤 어려움을 겪고 있나요?

- 두 나라의 일로 세계 여러 나라가 어려움을 겪는 이유는 무엇인가요?

- 기사의 사건과 같은 일이 발생하지 않기 위해 우리 모두는 다른 나라와 관계를 맺을 때 어떤 노력을 해야 하나요?

한눈에 읽는 개념 지도

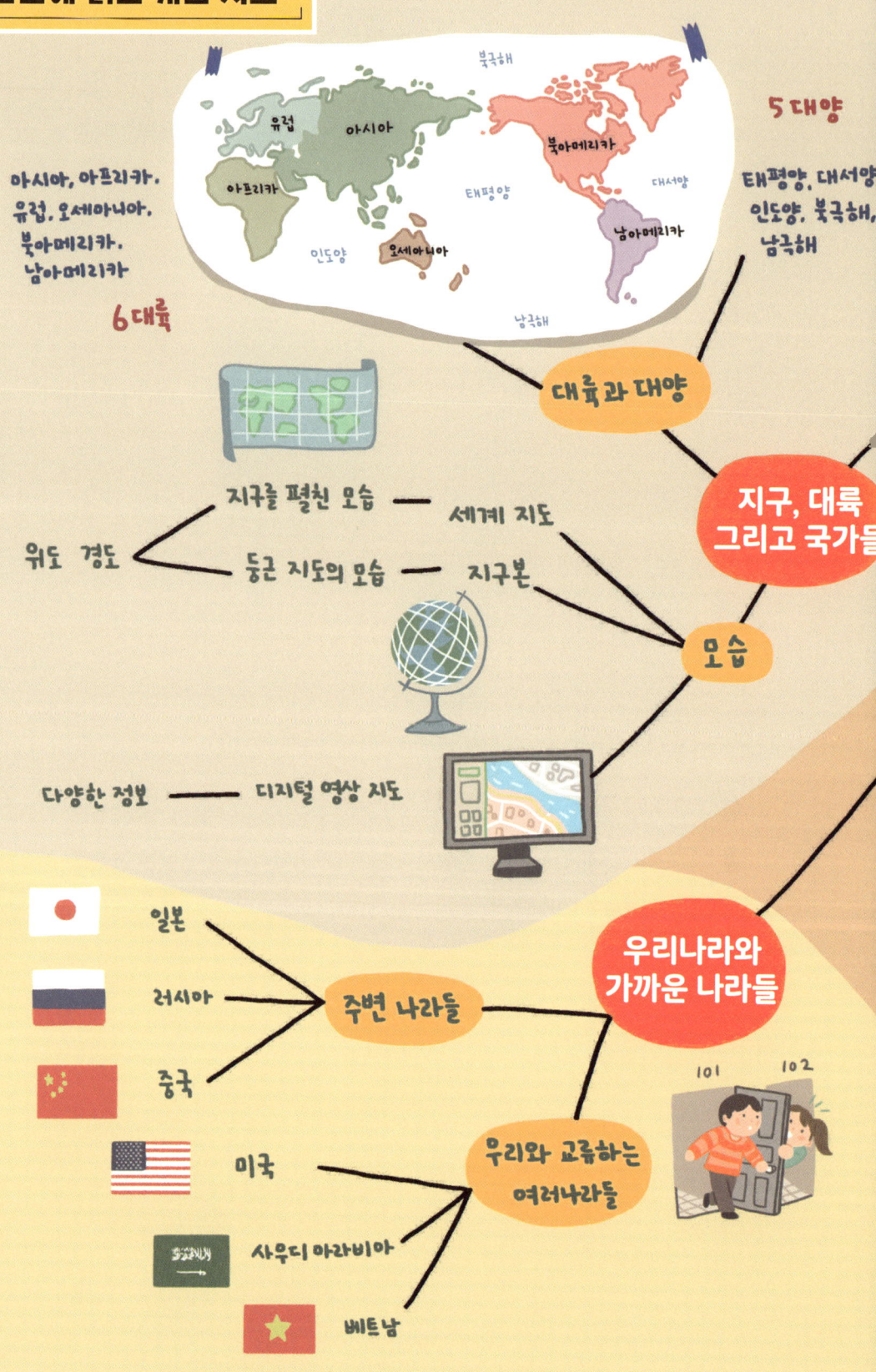

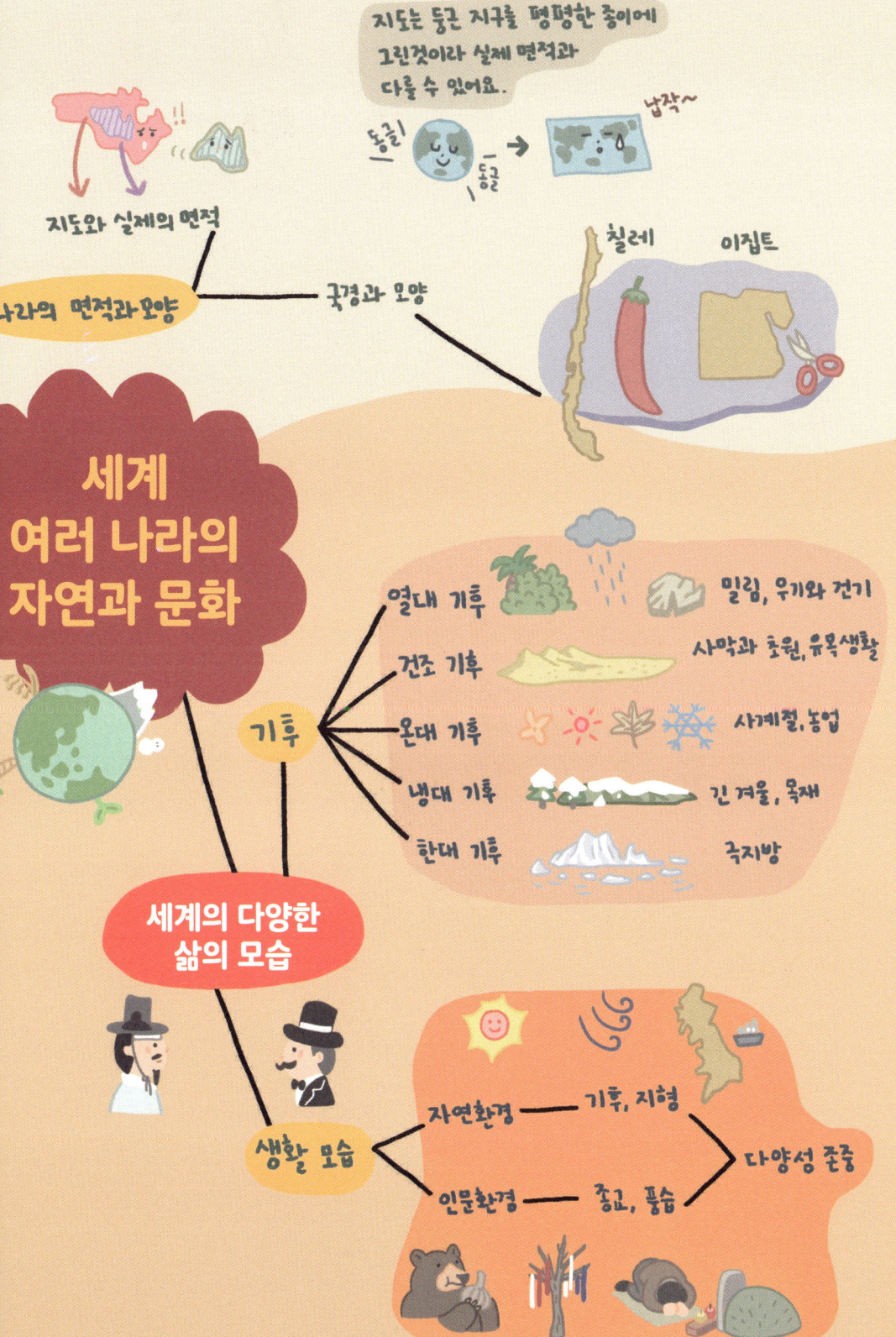

2

통일 한국의 미래와 지구촌의 평화

한반도의 미래와 통일

독도라고 하면 어떤 생각이 떠오르나요? "울릉도 동남쪽 뱃길 따라"로 시작하는 〈독도는 우리 땅〉이라는 노래부터 아름다운 자연과 역사 등 다양한 것이 떠오를 수 있어요. 독도는 당연히 대한민국의 영토이지만, 일본 정부가 일본 땅이라고 억지 주장을 해서 황당할 때가 있어요. 그래서 온 국민이 독도에 대해 많은 관심을 두고 있지요. 그렇다면 독도가 어떤 곳인지 좀 더 자세히 알아볼까요?

독도는 동도와 서도라는 큰 섬 2개와 작은 바위섬 89개로 이루어져 있어요. 이 면적을 모두 더하면 축구장 26개 정도의 크기예요. 물 위로 보이는 독도 높이는 168.5m밖에 되지 않지만 바다 밑으로는 2,000m나 내려가는 큰 섬이에요.

독도는 450~250만 년 전 깊은 바다에서 화산이 여러 번 폭발하며 용암이 솟아올라 생긴 섬이에요. 윗부분이 파도와 바람에 깎이고 깎여 오늘날 독도 모습이 되었답니다.

독도는 철새들이 지나는 길목에 있고, 동해안 지역에서 바다제비, 슴새, 괭이갈매기가 번식하는 곳이에요. 왕해국, 땅채송화, 섬초롱꽃, 번행초처럼 보기 드문 식물들도 자라지요. 독도 주변 바다에서는 그곳에서만 볼 수 있는 독특한 바다 생물들도 발견되고 있어요. 또 화산 폭발로 만들어진 섬이라서 지질학적 가치도 커요. 그래서 독도 전체를 '독도 천연 보호 구역'으로 지정하여 보호하고 있어요.

《신증동국여지승람》〈팔도총도〉
(1531)
우리나라 옛 지도 가운데 독도가 그려진 가장 오래된 지도야. 동해에 울릉도와 우산도(독도)가 그려져 있어.

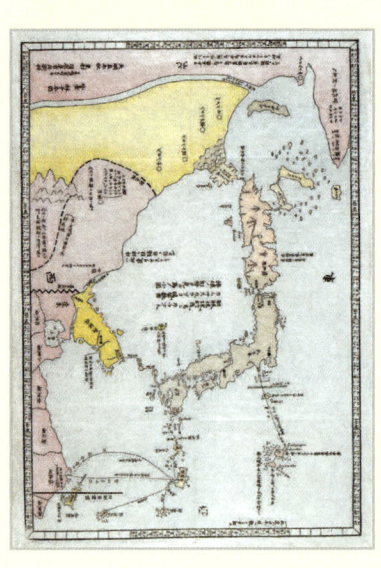

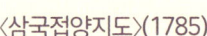

〈삼국접양지도〉(1785)
일본 지리학자 하야시 시헤이가 그린 지도야. 동해 한가운데 섬이 두 개 있는데 '조선의 것'이라 적고 노란색으로 칠했어. 노란색은 조선 땅이라는 뜻이야.

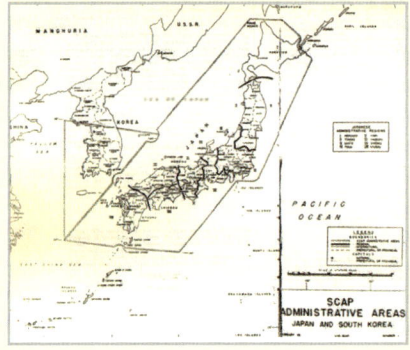

〈연합국 최고사령관 각서 제677호〉
(1946)
제2차 세계 대전이 끝난 뒤 일본이 서명한 각서에는 우리 땅 경계 안쪽에 울릉도와 독도가 있는 걸 볼 수 있어.

　독도는 울릉도와 함께 삼국 시대부터 역사적으로 증명된 명백한 우리 영토예요. 우리 옛 문서뿐 아니라 일본에서 만들어진 문서나 지도에서도 독도가 우리 땅이라고 밝힌 기록들을 살펴볼 수 있어요.

　《삼국사기》에는 신라 지증왕 때 이사부 장군이 우산국(울릉도에 있던 나라)을 정복하여 신라 땅에 포함시켰다는 기록이 있어요. 조선 숙종 때 안용복은 울릉도와 독도가 우리 영토임을 주장하고, 이를 확인하는 문서를 일본으로부터 받아 낸 후 돌아왔답니다.

1900년 10월 25일, 대한 제국 황제 고종은 〈*칙령 제41호〉를 공포했어요. 그 칙령에는 독도를 울도(울릉도)에 편입시켜 울릉 군수가 관리한다는 내용이 있어요. 독도가 우리 땅임을 뚜렷이 밝힌 것이지요. 오늘날에는 10월 25일을 '독도의 날'로 정해서 독도의 뜻깊은 역사를 되새기고 있어요.

　하지만 1905년에 *러일 전쟁이 일어나면서 일본은 전쟁을 치러야 한다는 핑계로 독도를 일본 땅으로 포함시킨 뒤 해군을 보내 점령했어요. 이는 국제법상 명백한 불법 침탈 행위였어요.

　1945년 8월 15일, 우리나라가 독립하면서 독도는 당연히 우리 영토가 되었어요. 하지만 일본은 과거에 대한 반성과 사과도 하지 않고 계속 독도를 탐냈어요. 독도에 있는 우리 어부들의 *위령비를 부수고, 독도가 일본 땅이라고 표시하는 불법 행위를 저지르기도 했어요. 심지어 6·25 전쟁으로 한반도가 어수선할 때는 독도에 몇 차례

★ **칙령** 왕이나 황제가 내린 명령을 말해요.
★ **러일 전쟁** 한반도의 지배권을 두고 러시아와 일본이 벌인 전쟁이에요.
★ **위령비** 죽은 사람의 영혼을 위로하기 위해 세운 비를 뜻해요.

침입하기까지 했지요.

  이런 상황에서 1953년 홍순칠 대장과 울릉도에 사는 청년들이 중심이 되어 독도를 지키기 위해 독도 의용 수비대를 만들었어요. 독도 의용 수비대는 독도에 대한 우리나라의 *영유권을 확실히 하기 위해 독도 가까이에서 고기잡이를 하는 울릉도 주민들을 보호하였어요. 그리고 독도에 무단 침입한 일본인을 쫓아내고 일본이 불법으로 설치한 표지를 철거했어요. 그 과정에서 일본 순시선과 여러 차례 총격전도 벌였어요. 독도 의용 수비대원들은

★ **영유권** 일정한 영토에 대한 해당 국가의 관할권을 말해요.

침략한 일본 순시선을 무찌르고 동도 암벽에 '한국령'이라 새기며 독도가 우리나라 땅임을 세계에 알렸지요.

1956년 12월부터 독도 수비는 독도 의용 수비대에서 대한민국 경찰인 독도 경비대가 맡게 되었어요. 이후 독도 경비대는 눈이 오나 비가 오나 독도를 열심히 지키고 있어요.

현재 독도에는 독도 경비대원, 등대 관리원, 울릉군청 소속 공무원, 일반 주민 등 약 50명 정도가 살고 있답니다. 정부에서는 이들을 위한 주민 숙소, 등대, 선박 *접안 시설 등 여러 가지 시설물을 설치하여 운영하고 있어요. 우리나라는 독도의 생태계를 보호하면서 소중한 이곳에서 우리나라 국민들이 평화롭게 살아갈 수 있는 곳으로 만들어가고 있답니다.

★ **접안** 배를 육지나 항만 시설에 대는 것을 말해요.

 문해력 쏙쏙

ㄷ ㄷ 는 울릉도와 함께 삼국 시대부터 역사적으로 명백히 우리 영토이다. 지금은 'ㄷ ㄷ 천연 보호 구역'으로 지정하여 보호하고 있다.

　일본 정부는 왜 끊임없이 독도를 자기네 땅이라고 하는 것일까요? 말도 안 되는 억지 주장이지만, 일본 정부가 어떤 주장을 하고 있는지 함께 알아둘 필요가 있답니다. 그래야 다시는 억지 주장을 되풀이하지 못하도록 막을 수 있기 때문이에요.

　일본 정부는 독도를 독도라는 이름 대신, 대나무가 없는 데도 대나무 섬이라며 '죽도(竹島)'라고 불러요. 일본 시마네 현에서는 독도를 아예 자기네 땅으로 정한 지 100년이 되었다며 어처구니없는 기념식을 열기도 했어요. 도대체 일본 정부는 왜 그러는 걸까요?

　우선 독도가 지리적으로 중요한 곳이기 때문이에요.

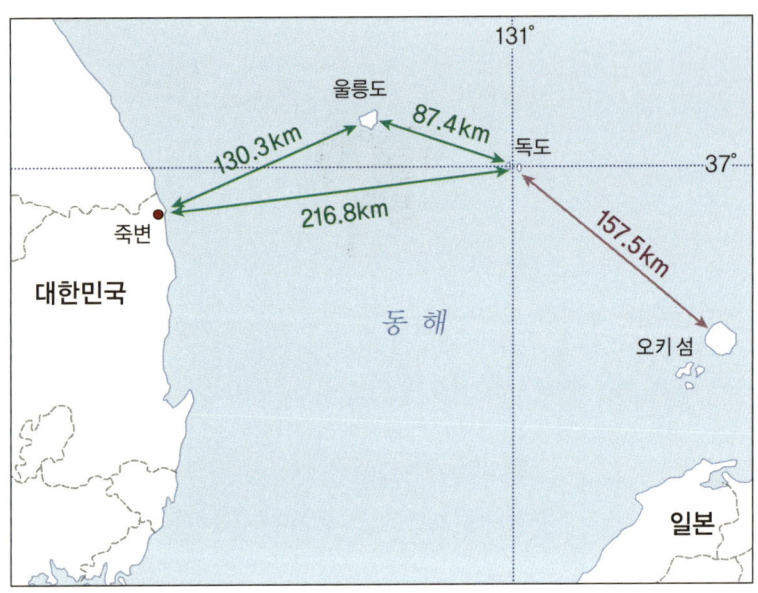

동해를 통한 바닷길은 우리나라와 러시아, 일본이 함께 이용하고 있어요. 독도는 그 바닷길에서도 중요한 위치에 있기 때문에 일본 정부는 자신의 영토가 아닌데도 호시탐탐 독도를 노리고 있는 거예요.

또 독도와 그 주변의 경제적 가치가 크기 때문이에요. 독도 주변 바다는 북쪽에서 내려오는 한류와 남쪽에서 올라오는 난류가 만나는 곳이에요. 이로 인해 독도 주변 바다는 해양 생물의 먹이인 플랑크톤이 많아서 다양한 해산물을 잡을 수 있는 황금 어장이거든요.

독도 근처 해저에는 '가스 하이드레이트'라는 자원이

많이 매장되어 있어요. 가스 하이드레이트는 '불타는 얼음'이라 불리는 중요한 자원이에요. 앞으로 석유가 고갈되면 대체 에너지로 사용될 수도 있기 때문이지요. 이처럼 미래 에너지 산업에서 무척 중요한 가스 하이드레이트의 발견으로 일본 정부는 독도를 더 탐내고 있어요.

그렇다면 일본 정부는 독도에 관해 어떤 주장을 펼치고 있을까요? 일본 정부는 2012년부터 일본 초등학교와 중학교 사회 교과서에 '독도'가 일본 땅이라는 잘못된 주장을 버젓이 쓰고 있어요. 그 이유는 독도를 분쟁 지역으로 만들고 싶기 때문이에요. 세계적인 관심을 받아 분쟁 지역으로 만들면 독도를 자기 땅으로 빼앗을 수 있다고 생각해요.

하지만 독도는 1945년 독립을 맞은 이후부터 줄곧 우리나라 경찰과 군인이 독도의 하늘과 땅과 바다를 지키고 있어요. 우리나라 사람이 실제로 독도에 주민으로 살고, 독도에 대한 법적 권리도 우리한테 있어요. 그렇기에 독도는 분쟁 지역이 될 필요조차 없답니다.

"울릉도 동남쪽 뱃길 따라 이백 리.

외로운 섬 하나 새들의 고향."

> **〈독도는 우리 땅〉**
>
> 1. 울릉도 동남쪽 뱃길 따라 200리
> 외로운 섬 하나 새들의 고향
> 그 누가 아무리 자기네 땅이라고 우겨도
> 독도는 우리 땅
> 2. 경상북도 울릉군 남면 도동 1번지
> 동경 132 북위 37
> 평균 기온 12도 강수량은 1300
> 독도는 우리 땅
> 3. 오징어 꼴뚜기 대구 명태 거북이
> 연어알 물새알 해녀 대합실
> 17만 평방미터 우물 하나 분화구
> 독도는 우리 땅
> 4. 지증왕 십삼년 섬나라 우산국
> 세종실록지리지 오십 페지 세째 줄
> 하와이는 미국땅 대마도는 일본땅
> 독도는 우리 땅
> 5. 노일전쟁 직후에 임자 없는 섬이라고
> 억지로 우기면 정말 곤란해
> 신라장군 이사부 지하에서 웃는다
> 독도는 우리 땅

어딘가 익숙한 노랫말이지요? 〈독도는 우리 땅〉이에요. 노랫말을 따라 부르다 보면 독도에 대해 많은 걸 알 수 있어요. 그런데 세월이 흐르면서 노랫말이 바뀌었답니다. 이전 노랫말과 새로 바뀐 노랫말을 찾아보세요. 그러면 달라진 독도의 자연환경과 역사를 새롭게 살펴볼 수 있을 거예요. 노래를 신나게 불러보면서 소중한 우리 땅 독도를 함께 생각해 볼까요?

<독도는 우리 땅 30년>

1. 울릉도 동남쪽 뱃길 따라 87케이
외로운 섬 하나 새들의 고향
그 누가 아무리 자기네 땅이라고 우겨도
독도는 우리 땅
2. 경상북도 울릉군 울릉읍 독도리
동경 132 북위 37
평균 기온 13도 강수량은 1800
독도는 우리 땅
3. 오징어 꼴뚜기 대구 홍합 따개비
주민등록 최종덕 이장 김성도
19만 평방미터 799에 805
독도는 우리 땅
4. 지증왕 십삼년 섬나라 우산국
세종실록지리지 강원도 울진현
하와이는 미국땅 대마도는 조선땅
독도는 우리 땅
5. 러일전쟁 직후에 임자없는 섬이라고
억지로 우기면 정말 곤란해
신라장군 이사부 지하에서 웃는다
독도는 우리 땅

문해력 쏙쏙

독도는 지리적으로 ㄷ ㅎ 를 통한 바닷길에서 중요한 위치에 있다. 독도 주변 바다는 다양한 해산물을 잡을 수 있는 ㅎ ㄱ ㅇ ㅈ 이고, 해저에는 가스 하이드레이트라는 중요한 ㅈ ㅇ 이 매장되어 있다.

우리나라는 섬나라일까요? 웬 뚱딴지같은 질문이냐고요? 우리나라는 당연히 섬나라가 아니지요. 유라시아 대륙과 이어져 태평양으로 향하는 반도 국가잖아요.

하지만 현재 우리나라는 사면이 바다로 둘러싸인 섬나라와 비슷한 상황이에요. 남한과 북한으로 분단된 상황이라 육상 통로로 가는 기차나 자동차뿐만 아니라 하늘길로 가는 비행기도 북한 지역을 통과하지 못하거든요.

우리나라는 6·25 전쟁 이후 분단되었어요. 우리가 평화롭게 사는 것처럼 느낄 수 있지만, 사실 남북한은 전쟁을 끝낸 것이 아니라 *정전 협정으로 전쟁을 멈춘 상태예요.

★ 정전 협정 전쟁 중인 양쪽이 일시적으로 전투를 중단하기로 합의한 것을 말해요.

전쟁이 끝나지 않았으니 남북한은 서로를 적으로 생각하면서 대치할 수밖에 없었어요. 〈작은 연못〉이라는 노래 가사 일부를 찬찬히 살펴볼까요?

<작은 연못>
깊은 산 오솔길 옆 자그마한 연못엔 지금은 더러운 물만 고이고 아무 것도 살지 않지만
먼 옛날 이 연못엔 예쁜 붕어 두 마리 살고 있었다고 전해지지요
깊은 산 작은 연못 어느 맑은 여름날 연못 속의 붕어 두 마리
서로 싸워 한 마리는 물위에 떠오르고 여린 살이 썩어 들어가
물도 따라 썩어 들어가 연못 속에선 아무 것도 살 수 없게 되었죠

작은 연못에 살던 예쁜 붕어 두 마리 이야기는 남한과 북한의 이야기가 될 수도 있어요. 다시 전쟁이 일어난다면 헤아릴 수 없을 만큼 수많은 사람들이 목숨을 잃고, 도시의 모든 시설이 무너져 폐허가 되어 아무 것도 남지

못할 거예요. 이런 일이 일어나서는 안 되겠지요.

우리는 남북 분단으로 인해 경제적으로나 사회적으로 여러 가지 어려움을 겪고 있어요. 먼저 남북한은 세계적으로 많은 군사비를 지출하고 있어요. 통일이 되면 막대한 군사비를 국민 모두의 삶의 질을 높이는 보건이나 교육, 환경 분야에 투자할 수 있겠지요.

전쟁 때 헤어졌던 이산가족들이 지금은 비무장 지대를 사이에 두고 서로 만나지 못하고 있어요. 통일이 되면 다시 만날 수 있게 돼요. 그리고 남북한 사람들이 서로 교류하지 못해서 생겼던 여러 문화 차이도 조금씩 극복할 수 있을 거예요.

통일이 되면 남쪽의 기술과 자본 그리고 북쪽의 지하자원과 노동력으로 경제적으로 큰 발전을 이루어 국가 경쟁력을 키울 수 있을 거예요. 무엇보다 통일이 되면 우리나라뿐만 아니라

동아시아에서 전쟁의 공포 대신 평화의 길을 열어 가면서 세계 평화를 이룰 수 있답니다.

남북한은 이제는 평화 협정을 맺어 한반도에서 전쟁이 완전히 끝났다는 것을 선언할 필요가 있어요. 남한과 북한이 주변 국가들과 함께 평화 협정을 선언한다면 남한과 북한뿐만 아니라 동북아시아와 세계 평화를 만들어가는 큰 *전환점이 될 거예요. 평화 협정은 군사적 긴장 관계를 약화시키고 우리나라뿐만 아니라 미국, 중국, 러시아, 일본 등 여러 나라에 경제적으로도 큰 이익을 안겨 준답니다.

남한과 북한은 분단으로 쌓여있던 오랜 갈등과 장벽을 평화롭게 해결해 나갈 수 있어요. 남한과 북한이 적대적으로 싸우지 않고 평화롭게 통일을 이루면 많은 것이 달라질 거예요.

★ 전환점 다른 방향이나 상태로 바뀌는 계기를 말해요.

 문해력 쏙쏙

남북한이 ㅂ   ㄷ 되었기 때문에 경제적으로나 사회적으로 여러 가지 어려움을 겪고 있다.

고속 국도 표지판을 잘 보면 알파벳을 적은 것이 있어요. 바로 '아시안 하이웨이'를 표시한 거예요. 표지판에는 중국, 인도, 터키까지 갈 수 있다고도 쓰여 있어요. 분단 때문에 북한 지역으로는 갈 수 없을 텐데 어떻게 이런 길 안내가 나오게 된 것일까요?

==아시안 하이웨이==는 회원국 사이의 인적·물적 교류 확대를 위해 기존 또는 신설 고속 국도와 국도를 연결하는 것으로, 모두 55개 노선으로 이루어져 있고 길이가 14만 km에 이른답니다. 도로를 함께 연결하겠다고 서명한 국가들은 도로를 새로 만들거나 확장·포장해서 나라 사이를 잇는 도로를 건설해야 해요. 우리나라는 아시안 하이웨

이 규격에 맞는 고속 국도를 사용하고 있어 별도로 도로를 만들 필요는 없어요.

아시안 하이웨이는 단순히 아시아만 연결한 도로가 아니에요. 중국과 인도, 터키를 통해 유럽으로 갈 수 있답니다. 이렇게 되면 비행기가 아닌 자동차로 세계 여행을 갈 수 있겠지요. 게다가 이런 길이 열리면 경제적으로도 큰 이득이에요. 육로를 통해 수출이나 수입을 하면 배로 하는 것보다 빠르고, 비행기로 할 때보다 훨씬 싸기 때문이에요. 우리나라의 평화로운 미래를 꿈꿀 수 있는 계획이 현실로 진행되고 있답니다.

우리나라의 아시안 하이웨이 구간은 일본~부산~서울~평양~신의주~중국으로 연결되는 에이에이치-1(AH-1)과 부산~강릉~원산~러시아(핫산)로 이어지는 에이에이치-6(AH-6) 두 노선이에요. 에이에이치-1은 일본 도쿄~후쿠오카항을 거쳐 배로 부산항까지 연결되고, 경부 고속 국도와 1번 국도를 거쳐 평양, 중국 등으로 이어져요. 에이에이치-6은 부산에서 동해안을 따라 7번 국도를 이용해서 원산을 지나 러시아로 이어져요. 이렇게 아시아의 여러 나라들이 각 나라별 고속 국도를 이

(국토 해양부)

　어서 아시아 전체를 연결한 고속 국도를 만들자는 약속을 한 덕분에 새로운 길을 열어갈 수 있게 되었어요.

　그런데 이 계획이 현실로 이뤄지려면 북한과 사이좋게 준비해야 해요. 실제로 이 길을 위해 남한과 북한은 비무장 지대의 지뢰들을 없애고 새로 길을 만들고 있어요. 그런데 남북한의 사이가 나빠지면서 아시아를 연결하는 이 길이 또 다시 비무장 지대로 막힐 상황이 되었어요. 하루 빨리 남북한의 관계가 좋아져서 북한을 거쳐 아시아와 유럽으로 평화로운 고속 국도가 연결되면 좋겠어요. 아이안 하이웨이가 연결되면 우리도 비무장 지대를 가로지르며 대륙으로 열린 길을 이용해 세계로 뻗어나갈 수 있으니까요. 그럼 여러분들도 이 도로를 통해 세계 여행을 떠날 수 있답니다.

사실 우리나라뿐 아니라 러시아나 중국, 일본, 그리고 북한까지 모두 이 길이 연결되기를 바라고 있어요. 러시아나 중국의 입장에선 큰 바다로 향하는 중요한 길을 갖게 되거든요. 일본 역시 대륙으로 향하는 좀 더 쉬운 길을 갖게 되지요. 새로운 길이 열리면서 사람이 오가고 물건이 오가고 그 가운데 한반도의 평화가 자리 잡으면 좋겠어요.

문해력 쏙쏙

남북한이 관계를 회복하여 ㅇ ㅅ ㅇ ㅎ ㅇ ㅇ ㅇ **가 연결되면 우리도 비무장지대를 가로지르며 대륙으로 열린 길을 이용해 세계로 뻗어나갈 수 있다.**

　독일과 우리나라의 공통점은 무엇일까요? 독일에 관해 설명할 때 동독과 서독으로 지역을 나눠서 설명하기도 해요. 여기서 동독은 독일의 동쪽 지역을 말하고, 서독은 독일의 서쪽 지역을 말해요. 힌트가 되었나요? 사실 독일은 우리나라처럼 1945년부터 1989년까지 동독과 서독으로 분단된 채 살았어요.

　물론 독일의 분단은 우리나라의 분단과 큰 차이점이 있어요. 독일은 제2차 세계 대전을 일으킨 전쟁 범죄 국가거든요. 독일이 다시 전쟁을 일으키지 못하도록 *연합국

★ **연합국** 제2차 세계 대전 때 독일, 이탈리아, 일본에 맞서 싸운 미국, 영국, 프랑스 같은 나라들을 말해요.

이 독일을 동독과 서독으로 나눈 거예요.

하지만 우리나라의 분단은 안타깝고 억울하답니다. 독일처럼 전쟁을 일으킨 잘못이 없는데도 우리나라는 일제의 식민 지배가 끝나고 독립하는 과정에서 연합군에 의해 남과 북으로 갈라졌어요. 북위 38도선을 기준으로 남한과 북한에 미군과 소련군(현재 러시아군)이 들어오면서 분단이 시작되었기 때문이에요. 이 선을 38도선이라고 해요. 38도선이 생기면서 남북은 서로 대치 상태로 지내다가 결국 6·25 전쟁 같은 끔찍한 일을 겪었어요.

38도선은 오늘날 휴전선과는 다르답니다. 휴전선은 한자로 쉴 휴(休), 전쟁 전(戰), 선 선(線)으로 말 그대로 전쟁을 잠시 쉬는 동안 그어 놓은 선이란 뜻이거든요. 38도선은 북위 38도선이 기준이지만, 휴전선은 전쟁 중에 남북한이 대치하던 지점들을 기준으로 정했어요.

비록 분단의 배경은 다르지만 같은 민족끼리 분단되어 살아온 독일은 우리와 처지가 비슷한 나라예요. 특히, 1990년에 통일을 이룬 독일의 이야기를 눈여겨 볼 필요가 있어요.

독일의 통일은 전 세계를 놀라게 하는 큰 사건이었어요. 통일을 맞은 독일은 처음에는 오랫동안 분단된 채 살아온 터라 문화와 생각 차이로 갈등을 겪었어요. 가난한 동독과 부유한 서독 사이의 경제적 차이도 컸답니다. 하지만 독일은 분단되었을 때 사용했던 군사비를 국민들의 삶을 위한 복지비로 사용하고, 서로에 대해 이해하려고 노력했어요. 그 결과 오늘날 독일은 유럽의 중심 국가로 큰 역할을 하고 있답니다. 우리나라도 독일의 사례를 거울삼아 남한과 북한이 평화로운 통일 국가를 함께 만들어나갈 수 있으면 좋겠어요.

분단된 지 오래되었기 때문에 남북한은 생활에서 제법 많은 차이가 있지요. 하지만 우리가 서로 다르지 않고 원래 하나였다는 것은 잊지 않고 지내는 것 같아요. 그건 나라 이름을 보면 알 수 있지요.

남한과 북한이 평화롭게 통일이 되고 나면 행복하게 생각해 볼 것이 있어요. 그건 바로 나라 이름이에요. 여태까지 남한과 북한은 공동 이름을 쓸 경우 코리아(KOREA)를 주로 사용해 왔어요. 올림픽 같은 국제 대회에서 함께 입장하거나 단일팀을 만들면 그 호칭을 코리아로 하고 국기 대신 한반도기를 쓰고요. 코리아(KOREA)는 고려에

서 유래한 영어 이름이지요. 그래서 아예 '코리아'를 통일 국가의 한글 이름으로 삼자고 주장하는 사람들도 있답니다. 하지만 코리아라는 영어 이름도 좋지만 우리만의 정겨운 이름은 없을까요? 한번 생각해 보고 직접 만들어 봐도 좋겠어요.

그리고 국기와 국가도 새로 만들 수 있겠지요. 평화롭게 통일이 된 후에 우리나라를 대표하는 나라 이름, 국기 그리고 국가로 어떤 것이 좋을지 즐겁게 생각해 볼까요?

📌 문해력 쏙쏙

올림픽 같은 국제 대회에서 함께 입장하거나 단일팀을 만들면 그 호칭을  로 하고 국기 대신 한반도기를 쓴다.

● 다음 글을 읽고, 질문에 답해 보세요.

평화와 통일은 왜 함께 이야기될까요?

통일이란 말과 함께 중요하게 생각해 봐야 할 단어는 평화야. 왜 평화와 통일이 함께 이야기되는지 이유를 말해 줄게. 우리나라는 1945년에 해방이 되면서 우리의 의지와 상관없이 남한과 북한으로 나눠지게 되었어. 한국 전쟁 이후에 남과 북으로 나뉘었다고 생각하는 사람도 있겠지만 사실은 해방 때 이미 나눠져 있었지. 당시 우리나라 사람들은 모두 통일을 원했지만, 통일된 나라가 어떤 나라가 되어야 할지에 대해서는 생각이 달랐어. 그래서 갈등이 심했지. 결국 1948년에 남과 북에 서로 다른 정부가 수립되고 1950년부터 3년 동안 끔찍한 전쟁을 겪을 수밖에 없었어. 그 후 크고 작은 갈등이 끊이질 않았고 서로에 대한 미움과 오해는 더 커졌지.

그렇지만 사람들은 곧 통일이 될 거라 생각한 것 같아. 1947년에 발표된 〈우리의 소원〉이라는 노래를 누구나 간절하게 불렀어. 그때는 통일이라는 말을 모두가 당연한 것으로 받아들였거든. 2000년 김대중 대통령과 북한 김정일 국방위원장이 정상 회담을 하고 이 노래를 함께 부르기도 했어. 하지만 2008년 이후 금강산과 개성 관광이 중단되고 개성 공단도 문을 닫으면서 남북 사이가 다시 안 좋아졌어. 사람들의 마음도 자연스럽게 멀어졌어. 오가는 사람이 줄고 전쟁을 염두에 둔 군사 훈련 소식이 많아질수록 통일을 상상하기 어려워진 거야.

지금은 전쟁을 멈추고도 70년 가까이 시간이 흘렀어. 남과 북을 오가며 함께 살았던 추억을 가진 사람이 이제는 많지 않아. 태어났을 때부터 분단된 우리나라를 오히려 더 자연스럽게 받아들이는 사람이 더 많아진 거야. 통일에 대해서도 다양한 생각이 나타나기 시작했어.

여전히 통일이 중요하고 반드시 해야 한다고 하는 사람도 있어. 하지만 그보다 많은 사람이 전쟁 위험과 갈등이 없다면 지금 이대로도 괜찮다고 생각하기 시작했어. 평화로운 공존이 가능하다면 굳이 통일을 할 필요가 없다고 생각하는 사람들이 점점 늘고 있지. 오히려 준비 없이 통일하게 되었을 때 더 많은 혼란을 겪지 않을까 걱정하는 사람도 많아.

　우리는 분단되었기 때문에 어쩔 수 없이 마주해야 하는 문제들이 있어. 이 문제들을 어떻게 해결하고 미래로 나아갈 수 있을까? 서로 논쟁을 벌이고 있는 사람들 모두가 원하는 건 무엇일까? 바로 평화야. 만약 우리 사회에서 평화를 만들지 못하는 통일이라면 그건 좀 다시 생각해 봐야 하지 않을까? 통일도 중요하지만, 평화는 더 중요하니까. 남과 북의 사람들 모두가 더 평화로워지기 위해 남북 관계를 어떻게 만들까를 고민하는 게 더 중요해. 그래서 평화와 통일을 이야기하는 사람들은 지금 당장 통일되어야 한다고 주장하지 않아. 그보다 앞서 두 나라의 평화를 위해 남북 관계를 다양한 측면에서 살펴볼 것을 강조해.

　그럼 독일과 같은 통일은 언제 하냐고? 우선 중요한 것은 남북의 사람들이 평화롭게 공존하면서 서로 도움을 주고 살아갈 수 있는 환경을 만드는 것이야. 통일은 남과 북의 사람들이 마음의 준비가 되었을 때 결정해도 늦지 않아. 제도만이 통일된 국가를 생각하면 가슴이 살짝 답답해질지도 몰

라. 하지만 남과 북이 자유롭게 교류하고 함께 발전하는 모습을 상상해 보면 마음이 조금 편안해지지 않아?

● 왜 평화와 통일을 함께 이야기하는 것일까요?

● 여러분은 우리나라의 통일에 대해 어떻게 생각하나요?

지구촌의 평화와 발전

'지구촌'이라는 말을 들어 보았나요? 지구에 마을 촌(村)을 붙인 말로 전 세계가 하나의 마을 같다는 뜻이에요. 사실 우리가 먹는 음식, 입는 옷, 사용하는 제품이나 즐겨 보는 영화, 방송들을 보면 지구가 하나처럼 이어졌다는 것을 쉽게 느낄 수 있어요. 『지구가 100명의 마을이라면』이란 책처럼 지구에서 함께 살아가기 위해 필요한 것을 생각해 볼 수도 있고요. 우리의 삶은 이미 세계와 맞닿아 있으니까요. 여러 가지 물건뿐만 아니라 방탄소년단을 비롯해 우리나라 음악과 영화, 드라마를 전 세계에서 듣고 볼 수 있어요. 교통과 통신이 편리해지면서 물자와 사람의 이동이 활발해진 덕분이에요.

하지만 세계가 한 마을처럼 되면서 생기는 문제점도 있어요. 바로 코로나바이러스감염증-19처럼 감염병이 발생할 경우 순식간에 온 세계로 퍼져나간다는 것이에요. 무분별한 개발로 인해 지구 환경이 파괴되면서 폭우와 기상 이변 같은 심각한 문제들도 나타나고 있지요. 또한 여전히 국가나 지역 사이에 갈등과 전쟁이 일어나고 있는 곳도 있어요.

대표적인 사례로 이스라엘과 팔레스타인의 분쟁이 있어요. 사실 팔레스타인 지역은 팔레스타인 사람들이 주로 살던 곳이었어요. 하지만 제2차 세계 대전이 끝나고

 1948년에 이스라엘이 나라를 세우고, 전쟁을 통해 팔레스타인 지역 대부분을 차지하면서 분쟁이 시작되었어요. 이스라엘은 팔레스타인 사람들을 쫓아내고 장벽을 세웠어요. 장벽 때문에 이동이 힘들어지고 고립된 팔레스타인 사람들은 큰 불편을 겪고 있어요. 장벽으로 인해 팔레스타인 사람들은 직장이나 학교도 제대로 못가는 등 일상생활의 평화가 가로막혔거든요. 팔레스타인 사람들은 이스라엘이 일방적으로 만든 분리 장벽을 없애라고 국제 사회에 요청하고 있어요.

 국제 사회에서도 이 장벽이 팔레스타인 사람들의 기본적 인권을 침해한다는 입장을 이스라엘 정부에 전했어요.

하지만 이스라엘 정부는 장벽이 자신들의 안전을 위해 필요하다면서 오히려 장벽을 없애려는 사람들을 공격하고 있어요. 이에 팔레스타인 사람들은 장벽을 없애고 자신들의 옛 영토를 회복하기 위해 저항하고 있어요. 계속된 갈등으로 많은 사람들이 다치거나 목숨을 잃고 있으며 불안정한 상황에서 지내고 있답니다.

인도와 파키스탄도 카슈미르 지역을 둘러싸고 큰 갈등을 겪고 있어요. 서로 다른 종교를 믿는 두 나라가 카슈미르 지역의 영토를 두고 대립하고 있기 때문이에요.

2022년 발생한 러시아의 우크라이나 침공을 비롯해서 지구촌 곳곳에서는 여전히 정치적, 경제적 갈등뿐만 아니라 종교, 민족 등과 관련된 다양한 갈등과 전쟁이 일어나고 있어요.

최근 지구촌에서는 기후 변화, 도시화 등으로 물이 점점 부족해지면서 수자원 확보를 위한 국가 간 갈등도 많이 발생하고 있어요. 이집트가 나일강 상류에 댐을 건설하려고 계획하자 주변 국가들이 강력히 반대하고 있답니다. 동남아시아 국가들과 중국은 최근 메콩강을 둘러싸고 대립하고 있어요. 미국과 멕시코는 리오그란데강을 두고 대립하는 상황이에요.

　지구촌 시대가 되면서 전 세계가 서로 영향을 주고받는 관계가 되어 좋은 점이 많아졌어요. 하지만 나라들 사이의 경쟁이 치열해지고 갈등이 많아지면서 세계 평화가 위협받고 있기도 해요. 이런 갈등이 때때로 전쟁으로 이어지면서 많은 사람의 생명을 빼앗고 삶터가 파괴되는 결과가 일어나고 있거든요. 지구촌의 평화를 위해서 어떤 노력들이 필요할까요?

👆 **문해력 쏙쏙**

 은 지구에 마을 촌(村)을 붙인 말로 전 세계가 하나의 마을 같다는 뜻이다. 세계가 한 마을처럼 되면서 좋아진 점도 있지만 국가나 지역 사이에 갈등이나 전쟁도 일어나고 있다.

　지구촌의 평화는 어떻게 지켜낼 수 있을까요? 끊임없는 갈등과 전쟁으로 위험에 빠진 지구를 평화롭게 만들기 위해 국제 사회는 어떤 노력을 하고 있을까요?

　제2차 세계 대전을 겪으면서 인류는 이런 전쟁이 또 다시 일어나면 사람들뿐만 아니라 지구가 멸망할 수도 있다고 생각했어요. 이런 상황을 막기 위해 **국제 연합(UN)**을 만들었어요. 국제 연합은 지구의 평화와 안전 유지, 국제 협력을 달성하기 위하여 만든 국제 기구예요.

국제 연합

국제 연합의 마크를 보면 평화를 상징하는 올리브 나뭇잎이 지구를 감싸고 있는 모습을 볼 수 있어요. 국제 연합이 지구의 평화와 안전을 함께 만들어가겠다는 뜻이 담겨 있어요.

전 세계 대부분 나라들이 국제 연합에 가입했어요. 우리나라뿐만 아니라 북한도 함께 가입했답니다. 지구촌 문제를 함께 풀어가기 위해서는 전 세계 국가가 더불어 힘을 모아야 하기 때문이에요. 국제 연합 본부 앞에는 특별한 전시물이 있답니다. 과연 이 전시물을 왜 이렇게 설치해 둔 것일까요?

국제 연합 본부 앞에 총이 전시되어 처음에는 놀랐어요. 하지만 자세히 보면 총알이 나가지 못하게 총구를 매듭지어 두었어요. 이렇게 총구를 매듭지은 까닭이 있답니다. 총을 쏘면 누군가 다치거나 심지어 죽을 수도 있지요. 그래서 상징적으로 총구를 묶으면서 평화의 소중함을 함께 나누자는 뜻으로 이런 전시물을 국제 연합 본부로 들어가는 입구에 설치해두었다고 해요.

국제 연합은 세계 평화와 인간의 존엄성을 지키기 위해 전 세계 여러 나라 사람들이 모여서 일하는 국제 평화

　기구예요. 국제 연합에서는 세계 곳곳에서 전쟁이 나거나 자연 재해 등이 생기면 유엔 평화 유지군 등을 보내서 민간인을 보호하고 긴급 구호 활동 등을 펼치고 있답니다. 국제 연합에서는 세계 보건 기구(WHO)를 비롯해 국제 노동 기구(ILO), 국제 연합 아동 기금(UNICEF) 같은 여러 기구를 만들어 함께 활동하고 있어요.
　세계 보건 기구는 세계의 다양한 질병 퇴치 및 보건 활동을 위해 국제 연합에서 만들었어요. 이곳에서는 정치, 종교, 민족, 경제적 차별을 두지 않고 인류의 건강을 우선하면서 인간다운 삶을 살아가기 위해 여러 나라들이 함께 협력해서 운영되고 있어요. 특히, 코로나19처럼 세계적으로 유행하는 감염병이 발생할 경우, 이를 해결하기 위해 의학 정보를 나누고 나라별 상황을 공유하면서 방역 활동을 하고 있어요.

국제 연합에서는 또한 일하는 사람들이 인간으로서 살아가는 기본적인 여건을 마련할 수 있도록 특별 기구로 국제 노동 기구(ILO)를 만들었어요. 국제 노동 기구는 전 세계 국가들의 일터 환경을 개선하고, 노동 조합의 권리와 인권을 보장하며 사회 정의 향상에 힘쓰고, 노동자들을 보호하는 역할을 맡고 있어요. 이에 1969년 국제 노동 기구는 노벨 평화상을 수상했어요. 노동이 평화로운 삶을 살아가는 기본이 되기 때문이에요.

하지만 국제 연합이 세계 평화를 혼자 도맡아 책임지고 해결할 수는 없답니다. 오히려 국제 연합에서 큰 힘을 행사하는 미국이나 러시아 같은 강대국들은 국제 연합에서 결정된 사항을 따르지 않고 제멋대로 행동하는 경우도 많기 때문이에요. *기후 협약을 맺어두고서도 자신들

★ **기후 협약** 지구 온난화를 막기 위해 온실가스를 배출하는 것을 제한하도록 한 여러 나라 사이의 약속을 말해요.

은 참여하지 않고, 심지어 이라크와 우크라이나에서 서슴없이 전쟁을 일으키는 경우도 있었기 때문이에요. 국제 연합이 진정으로 세계 평화를 지켜나가기 위해서는 미국과 러시아 같은 강대국들이 솔선수범할 필요가 있답니다.

> **문해력 쏙쏙**

ㄱ ㅈ ㅇ ㅎ 온 지구의 평화와 안전 유지, 국제 협력을 달성하기 위하여 만든 국제 평화 기구이다. 세계 보건 기구(WHO)를 비롯해 국제 노동 기구(ILO), 국제 연합 아동 기금(UNICEF) 같은 여러 기구를 만들어 함께 활동하고 있다.

　지구의 평화는 어떻게 만들어갈 수 있을까요? 어벤져스 같은 슈퍼 영웅들이 나타나 지구를 지키며 평화를 만들어 가면 좋겠지만 어벤져스는 만화나 영화에서만 가능한 것이겠지요. 그렇다고 해서 해결하지 못할 일만은 아니랍니다. 세계 곳곳에서 여러 나라와 단체들이 세계 평화를 위해 노력하고 있고, 또 세계 시민들 한 명 한 명이 적극적으로 참여하면서 지금 이 순간에도 평화를 더불어 만들어 가고 있기 때문이에요.

　2021년 미얀마에서는 군인들이 불법으로 권력을 차지했어요. 국민들이 선거를 통해 세운 정부를 군인들이 총칼로 위협하며 군사 정변을 일으켜 민주주의를 무너뜨린 것이지요. 미얀마 시민들은 민주주의를 지키기 위해 군사 정권에 맞서 저항했어요. 군사 정권의 부당한 명령에 따르지 않으려는 시민 불복종 저항 운동을 펼치고 있답니다. 이 과정에서 군사 정권은 무력을 사용하여 미얀마 시민들을 탄압하고 심지어 목숨을 빼앗는 일을 서슴없이 행하고 있어요.

이와 관련해서 미얀마 시민들은 시위 현장에서 저항의 상징으로 세 손가락 경례를 하였어요. 이는 시위뿐만 아니라 SNS(누리 소통망 서비스) 등에서도 릴레이처럼 이어지고 있어요. 미얀마의 민주화를 향한 노력은 미얀마 현지의 시민뿐만 아니라 SNS에서  세계 여러 나라의 시민들도 함께 펼치고 있어요. 국적은 다르지만 세계 여러 나라의 시민들은 세 손가락을 치켜든 사진이나 그림을 SNS에 올리고 시위와 관련된 해시태그를 달면서, 미얀마의 현재 상황을 나누고 시위를 지지하고 있는 것이에요. 이 캠페인은 우리나라의 초등학생들을 포함해 많은 사람들이 함께 하고 있답니다.

사실 1980년 우리나라에서 5·18 민주화 운동이 일어났을 때 독일을 비롯한 지구촌 곳곳에서도 우리에게 큰 격려와 응원을 보내주었어요. 덕분에 우리나라는 민주주의를 이루는 데 큰 도움을 받았어요. 지금 미얀마에서도 시민들이 군사 정권의 부당한 폭력에 맞서 힘겹게 민주주의를 만들어 가고 있어요. 미얀마 시민들이 민주주의를 되찾고 평화롭게 살아갈 수 있도록 함께 응원하고 지지해보면 어떨까요? 미얀마 사태 해결은 미얀마의 민주주의와 평화뿐만 아니라 세계 평화를 열어가는 중요한 일이거든요.

평화를 만들기 위해 정부 사이의 협정이 아니라 일반 시민들이 협력하여 설립한 ==비정부 기구==도 있어요. 1961년, 독재자가 지배하던 포르투갈에서는 독재가 아닌 자유를 위해 건배한 대학생 두 명이 징역 7년을 선고받았어요. 이러한 부당한 독재와 폭력에 맞서 사람들의 인권과 평화를 지키기 위해 많은 사람들이 함께하면서 국제 인권 단체인 '국제앰네스티'가 만들어졌어요. 포르투갈 독재 정권의 희생자들을 돕는 것으로 시작된 국제앰네스티는 오늘날 전 세계 곳곳에서 인간의 존엄성을 해치는 위협으로부터 모  든 사람의 인권을 지키기 위해 활발히 활동하고 있어요. 국제앰네스티의 상징은 촛불과 앰네스티 노란색이에요. 철조망에 둘러싸인 노란색 촛불이 억압 속에서도 연대를 통해 희망을 밝힌다는 뜻이에요.

국제 연합이나 국제앰네스티처럼 세계적인 단위로만 평화를 만들어갈 수 있는 것은 아니에요. 대표적인 예로 우리나라의 평화 단체인 어린이어깨동무가 있어요.

어린이어깨동무는 남북 어린이들이 더불어 건강하게 성장하길 바라며 만들어진 시민 단체예요. 남북으로 분단된 우리나라에서 남한과 북한의 어린이들이 서로 건강하게 성장하길 바라며 평화 운동을 하고 있어요. 어린이어깨동무에서는 남한과 북한의 어린이들이 건강하게 자라나 같은 키로 어깨동무 할 수 있기를 바라면서 북한 어린이들에게 영양, 의료, 교육을 지원하고, 북한에 어린이 병원을 지어 주는 등의 일을 함께하고 있어요. 어린이어깨동무에서는 남한과 북한의 어린이들 그리고 일본에 있

는 재일 조선인 어린이들과 함께 평화의 그림을 그리고 이를 함께 전시하며 나누는 활동도 열어가고 있어요.

　사실 평화는 국가나 단체 또는 특별한 사람들만이 만들고 지켜갈 수 있는 것이 아니에요. 초등학생을 비롯해 누구든 평화를 만들 수 있답니다. 생활 속에서 일회용품 사용을 줄이고, 힘든 친구들을 도와주거나 길냥이를 돌보는 등 생활 속 작은 실천을 통해 평화를 다채롭게 열어 갈 수 있기 때문이에요. 세계 시민으로서 세계 평화를 위해 우리가 실천할 수 있는 일은 무엇일지 함께 생각해 볼까요?

👆 문해력 쏙쏙

국제앰네스티는 평화를 만들기 위해 정부 사이의 협정이 아니라 일반 시민들이 협력하여 설립한 ⓑ ㅈ ㅂ ㄱ ㄱ 중 하나이다.

문해력 튼튼

● 다음 글을 읽고, 질문에 답해 보세요.

코로나 19라는 바이러스 이름은 어떻게 만들어졌나요?

세계 보건 기구(WHO)에서는 이번 신종 바이러스 이름을 '코비드(COVID)-19'로 이름 지었어요. 하지만 우리나라에서는 공식 이름이 붙기 전에 이미 '코로나, 코로나'하고 불러 왔기 때문에 '코로나19'라 부르고 있어요.

코로나19에서 숫자 19는 무엇일까요? 그것은 이 바이러스로 인한 질병이 최초로 발견된 해가 2019년이라서 그래요. COVID의 'CO'는 코로나(corona), 'VI'는 바이러스(virus), 'D'는 질병(disease)을 뜻해요. 그러니 한글로 풀어쓰면 코로나 바이러스 감염증-19라는 의미이고 이것을 줄여 '코로나19'로 부르는 거예요. 이렇게 이름을 붙인 것은 세계보건기구에서 병명을 지을 때, 지역 이름 등을 사용하지 않도록 권장하기 때문이에요.

감염병 이름에 지역이나 국가 명칭이 들어간 것을 쓰면 그 지역이나 그 국가 사람들을 나쁘게 보거나 잘못된 편견이 생길 수 있거든요.

2009년에 세계를 놀라게 했던 감염병인 신종 플루도 마찬가지예요. 신종 플루의 시작은 캘리포니아를 비롯한 미국 서남부 지역이었어요. 그래서 초기에는 '미국 바이러스'라고도 불렀어요. 그러다가 '신종 플루'라는 공식적인 이름을 만들었답니다. 사람들을 공포에 떨게 하는 감염병의 이름 때문에 미국 사람들을 차별하고 미워하게 되면 안 되기 때문이에요. 2015년 발생한 '메르스'는 사우디아라비아에서 처음 발견되었어요. 하지만 '사우디아라비아 바이러스'라는 이름을 붙이지 않았어요. 신종 플루가 미국에서 발생했다고 미국이나 미국 사람을 차별하지 않았고 '메르스'가 사우디아라비아에서 시작되었다고 해서 그 지역과 그 지역 국가 사람들을 차별하지 않은 것처럼 코로나19가 발생했다고 중국 지역이나 중국 사람을 차별해서는 안 되겠지요.

세계 보건 기구에서는 세계적으로 큰 문제를 일으키는 감염병 이름을 정치적으로 사용하면서 특정 지역이나 국가를 차별하고 혐오하는 것을 막기 위해서 감염된 지역이나 국가 이름을 병 이름으로 짓지 못하게 하고 있답니다.

● 코로나19에서 숫자 '19'는 무슨 이유로 들어간 것일까요?

● 세계 보건 기구에서 신종 감염병 이름에 지역이나 국가 이름을 넣지 않는 까닭은 무엇일까요?

지속 가능한 지구촌

 "정든 집과 마을을 떠나고 싶지 않습니다! 제발 이 문제를 해결해 주세요." 어떤 시민이 뉴스 인터뷰를 통해 간절히 밝힌 바람이에요. 도대체 무슨 일이 생긴 것일까요?

 인터뷰를 한 시민은 태평양 한가운데 있는 작은 섬나라 투발루에 살고 있었어요. 지구 온난화 현상에 따른 기후 변화의 피해 사례로 자주 소개되는 나라예요. 사실 투발루는 공장도 없고 자동차도 많지 않아 환경 오염과 거리가 멀어요. 하지만 지구 곳곳에서 뿜어내는 이산화탄소 등으로 인해 발생한 기후 변화로 바닷물이 높아져 섬이 바다에 잠길 위기를 맞고 있어요.

 투발루를 비롯해 몰디브, 키리바시 등 태평양, 대서양,

▲ 해수면이 약 90cm 상승하면 물에 잠길 수 있는 주요 도시

인도양 등 세계에 있는 섬나라들이 연합해서 전 세계에 해수면 상승의 원인인 지구 온난화 현상을 줄이기 위한 대책을 요구하고 있어요. 미국, 중국, 유럽 등 세계 강대국들이 배출하는 탄소가 섬나라들과 지구촌 곳곳을 위기로 내몰고 있기 때문이에요. 기후 변화로 직접 피해를 입는 나라에 사는 많은 사람들은 자신의 삶터마저 빼앗기며 *기후 난민으로 내몰리고 있는 심각한 상황이에요. 기후 변화의 원인은 선진국이 만드는데 그 피해는 경제적으로 어려운 나라들이 입고 있어요. 이를 기후 불평등이

* 기후 난민 지구 온난화 등 기후 변화 때문에 원래 살던 곳을 떠나야 하는 사람들을 가리키는 말이에요.

라고도 해요. 그래서 기후 문제가 정의롭지 못한 상황을 바로잡기 위해 '기후 정의'가 필요하다는 주장과 활동이 활발해지고 있어요. 기후 정의는 기후 변화의 원인과 영향이 만드는 정의롭지 못한 점을 알고 그것을 줄이기 위한 사회 운동을 말해요.

사실 지금처럼 육지가 바닷물에 잠겨 사람들이 더 이상 살지 못하게 되는 심각한 문제는 미리 막을 수도 있었어요. 하지만 강대국들은 이와 같은 상황을 알면서도 일부러 피해 왔어요. 세계에서 큰 목소리를 낼 수 있는 선진국들의 경우 행여나 환경 문제로 자기 나라의 경제 성장이 잘 되지 않을 것을 염려해서 탄소 배출 문제를 모른 채 해왔거든요. 하지만 모두가 지금처럼 자기 나라의 경제 성장과 이익에만 관심을 기울인다면 지구 곳곳에서는 큰 문제가 생기고 그 피해는 걷잡을 수 없이 커져 지구가 더 이상 존재할 수 없는 상황이 발생할 수 있다고 과학자들이 경고하고 있답니다.

최근 전 세계적으로 지구 온난화 현상 등으로 인한 기후 변화로 산불, 가뭄, 수몰 등 자연 재해가 자주 발생하고 있어요. 산업이 발달하고 인구가 빠르게 증가하는 가운데 지구의 허파로 불리는 아마존 같은 열대 우림이 개발 등으로 사라지고 있거든요. 이로 인해 지구의 나무들이 온실 가스를 흡수하는 *자정 능력은 떨어지고 기후 변화가 빨라지면서 자연 재해가 더 자주 발생하는 *악순환이 일어나고 있어요.

또한, 산업화로 인한 개발로 *서식지를 잃은 야생 동물이 사람이 거주하는 지역이나 목축지 등으로 이동하게 되면서 야생 동물과 사람이 자주 접촉하게 되었어요. 이로 인해 코로나19와 같은 사람과 동물 사이에 서로 전파

★ **자정** 오염된 물이나 땅 등이 여러 작용을 거쳐 저절로 깨끗해지는 것을 말해요.
★ **악순환** 원인과 결과가 되풀이되어 상황이 계속 나빠지는 것을 뜻해요.
★ **서식지** 생물 등이 일정한 곳에 자리를 잡고 사는 곳을 말해요.

되는 감염병이 전 세계적으로 확산되어 큰 문제가 되고 있답니다. 경제적 이익을 위해 시작된 무분별한 개발로 지구가 병들면서, 그 피해를 고스란히 인류가 겪고 있는 것이에요. 세계 곳곳의 환경에 큰 변화가 일어나며 기후 위기가 현실이 되면서 지구는 지금 심각한 위험 상황이 되었답니다.

 문해력 쏙쏙

최근 전 세계적으로 ㅈ ㄱ ㅇ ㄴ ㅎ ㅎ ㅅ 등으로 인한 ㄱ ㅎ ㅂ ㅎ 로 산불, 가뭄, 수몰 등 자연 재해가 자주 발생하고 있다.

"이 문제를 해결하지 않으면 학교에 가지 않을 거예요. 문제가 해결될 때까지 매주 금요일 저는 학교 대신 국회에 가서 시위를 할 거예요. 여러분들도 자신의 나라에서 저와 함께 행동해 주세요."

2018년에 스웨덴의 16세 학생 툰베리는 위와 같은 캠페인을 제안했어요. 도대체 어떤 문제를 해결하라고 한 것일까요? 얼마나 중요한 문제였으면 학교 대신 국회에 가서 시위를 하자고 제안하고, 또 이 제안에 전 세계 여러 나라 학생들이 함께 호응하면서 실천한 것일까요?

툰베리가 제안한 것은 바로 지구가 현재 마주하고 있는 기후 변화 문제 해결이었어요. 툰베리는 매주 금요일

마다 스웨덴의 수도 스톡홀름 의회 앞에서 '기후를 위한 등교 거부'가 적힌 손 팻말을 들고 1인 시위를 벌였어요. 툰베리 학생의 제안에 전 세계 학생들이 함께 참여했어요. 매주 금요일, 기후 변화가 정말 중요한 문제라고 하면서 학생들은 등교 대신 시위를 했지요. '미래를 위한 금요일'은 그렇게 시작되었답니다. 우리나라에서도 초등학생부터 고등학생까지 많은 학생들이 "기후 변화 문제 해결을 위해 이제 국가와 기업에서도 행동해 주세요!" 같은 팻말을 들고 광화문으로 나와 함께했어요.

이 시위는 스웨덴과 우리나라뿐만 아니라 프랑스, 가나, 인도, 아르헨티나, 일본, 호주, 미국 등 130여 개가 넘는 나라의 학생들이 한 목소리로 지구의 미래를 위해 시위에 참여하였답니다. 지구의 미래를 위한 개인들의 실천과 학생들의 제안처럼 국가와 기업도 함께 노력해야 해요. 지금과 같은 상황이 계속된다면 지구의 미래는 없기 때문이에요.

실제로 국제 연합의 '기후 변화에 관한 정부 간 협의체'에서는 이대로 가면 지구의 평균 기온이 2040년이면 1.5℃ 오를 수 있다고 경고했어요. 사실 학생들 캠페인에서도 '1.5℃를 지켜 주세요!'라는 주장을 펼치는 목소리가 많았답니다. 왜 지구 기온이 1.5℃ 올라가는 것이 위험한 것일까요?

지구의 연평균 온도가 산업화 이전보다 1.5℃ 오른다는 것은 이전과는 차원이 다른 변화가 생긴다는 마지막 경고이기 때문이에요. 지구의 평균 온도가 1.5℃ 이상 오르면 *기상 이변이 폭발적으로 늘면서 지구가 걷잡을 수 없는

★ **기상 이변** 보통 지난 30년 동안의 기상과는 아주 다른 기상 현상을 말해요.

위기를 맞이할 것이라고 과학자들이 밝혀냈어요.

이에 우리 생활 곳곳에서 개인뿐만 아니라 학교와 기업 그리고 정부에서도 지구를 살리기 위한 실천을 이어가고 있어요. 우선 급식의 변화예요. 학교에서 점심시간에 맛있게 먹는 급식을 떠올려 보세요.

어느 시기부터 급식에 변화가 생겼어요. 한 달에 두 번씩 지구를 살리는 급식이 시작되었지요. 바로 채식 급식이에요. 지나친 육식 섭취를 줄여 기후 위기에 대응하고 육류 위주 식습관에서 벗어난 균형 잡힌 식단을 도입한 것이에요. 소나 돼지 등을 키우기 위해서는 목초지와 사료 생산 농지가 필요해요. 이 때문에 숲 파괴, 식량의 사료 작물화로 인한 식량 부족, 물 부족, 수질 오염 등이 일어나면서 온실가스 배출이 늘어나고 지구의 전체적인 환경이 나빠지거든요.

정부에서도 지구 온난화를 막고 환경을 지키기 위해 분리 배출 제도를 바꾸고 다양한 캠페인과 제도를 만들어가고 있어요. 대표적인 것이 바로 투명 페트병 분리 배출이에요.

2020년 12월부터 우리나라에서는 새로 법을 바꾸어 전국적으로 투명 페트병을 다른 플라스틱과 따로 분리 배출하고 있어요. 플라스틱 재활용을 통해 탄소 배출을 줄이고 환경을 지키기 위해서이지요.

이 과정에서 시민들의 적극적인 실천으로 가정에서의 투명한 페트병 분리 배출이 잘 이뤄지고 있어요. 여기에 초등학생들의 제안이 기업의 변화를 이끌면서 페트병의 재활용률을 더 높였답니다. 어떤 제안일까요?

강릉 연곡 초등학교 학생들은 투명 페트병 분리 배출에

적극적으로 참여하면서 좋은 제안을 기업에 편지로 보냈어요. 기업이 제품을 만들 때 처음부터 상표 라벨을 붙이지 않고 투명한 페트병에 제품을 만들어 판매해 달라는 제안이었어요. 그럼 소비자들이 일일이 상표 라벨을 떼지 않아도 되고, 또 쓰레기도 발생하지 않을 수 있기 때문이지요.

편지를 받은 기업에서는 학생들의 제안이 지구 환경을 지킬 수 있는 방안이라며 받아들이기로 하였어요. 그래서 별도의 상표 라벨을 붙이는 대신 투명 페트병에 제품 표기를 해서 음료를 판매하고 있답니다.

최근 전 세계적으로 기업들은 환경과 사회를 생각하면서 회사를 운영하고 있어요. 제품이나 서비스를 많이 판매하는 것도 중요하지만 과도한 탄소 배출 등으로 지구의 미래가 위험한 상황에서 환경과 소비자 그리고 지역 사회를 생각하는 것이 그 어느 때보다 중요해졌기 때문이에요. 실제로 소비자들 역시 단순히 품질이 좋고 가격이 좋은 제품만이 아니라 지구와 환경을 생각하는 제품을 사려는 움직임이 많아지고 있어요.

지구의 환경 문제 해결을 위해서는 시민들 한 사람 한 사람의 실천과 함께 기업들과 정부가 함께 힘을 모을 필요가 있어요. 지구는 다양한 사람들과 자연이 함께 살아가는 곳이기 때문이에요.

 문해력 쏙쏙

지구의 미래를 위한 ㅅ ㅁ 들의 실천뿐 아니라 ㅈ ㅂ 와 ㄱ ㅇ 도 함께 노력해야 한다.

지구촌 환경과 미래를 위해 전 세계에서 함께 만든 목표가 있어요. 과연 어떤 목표들이 있을까요?

국제 연합에서는 전 세계의 국가들이 함께 힘을 모아 2016년에서 2030년까지 15년 동안 어떻게 하면 우리가 사는 지구를 좀 더 좋은 곳으로 만들고, 함께 잘 살아갈 수 있는 곳으로 만들지 의논하면서 중요한 목표를 오른쪽처럼 정하고, 이를 실천하기로 약속했어요.

현재처럼 세계 여러 나라가 경제 발전을 위해 개발을 계속한다면 지구는 더 이상 버티기 힘들 것이기 때문에 이러한 목표를 세운 거예요. 인류는 물론이고 지구가 멸망할 수도 있다는 경고가 곳곳에서 나오고 있거든요. 환

경 파괴를 비롯해 지구촌 곳곳의 기상 이변 현상들이 바로 그 증거예요.

<u>지구를 위한 지속 가능 발전 목표 17개</u> 중에서 어떤 목표가 눈에 들어오나요? 이러한 목표를 세운 것은 지구촌 사람들이 오늘날의 발전뿐만 아니라 미래 세대를 위해서 책임감 있게 행동하여 지구의 지속 가능성을 높여 가기 위해서예요. 지구를 위한 지속 가능 발전 목표는 지구의 단 한 사람도 뒤처지지 않으면서 더불어 지구의 환경, 안전, 평화 등을 만들어가기 위한 약속이랍니다. 국제 연합은 17개 목표 중에서도 가난과 굶주리는 문제, 즉 빈곤과 기아 문제 해결을 첫 번째 목표로 정했어요. 먹을 것이 많고 비만 등이 사회 문제인 우리나라에서 보면 낯설게

느껴질 수 있어요. 하지만 여전히 가난 때문에 어린이가 노동에 내몰리는 경우도 많고, 심지어 먹을 것이 없어서 굶어 죽는 끔찍한 일들이 지구촌 곳곳에서 일어나고 있기 때문이에요.

세계 여러 나라에서는 이 목표를 지키기 위해 많은 노력을 하고 있어요. 탄소 사용을 줄이고, 환경을 잘 지키며, 침략 전쟁에 반대하고, 평화를 만들어가는 약속을 지키기 위해 힘쓰고 있답니다.

세계적으로 지속 가능 발전 목표는 국제 연합뿐만 아니라 다양한 국제기구 및 시민 단체와 산업계 기업들까지도 함께 참여하고 있답니다. 특히 최근 세계적 기업들은 지속 가능 경영을 핵심 가치로 삼고 지구 환경과 사회 책임 경영에 힘쓰고 있어요.

우리나라 역시 국제 사회의 책임 있는 일원으로서 국제 사회의 공동 목표 달성에 기여하고자 우리 사회에 처한 여러 문제들을 해결하기 위해 한국형 지속 가능 발전 목표를 세웠어요. 우리나라 같은 경우 남북 분단이라는 특수 상황이 반영되어 ▲ 모두가 사람답게 살 수 있는 *포용 사회 구현 ▲ 모든 세대가 누리는 깨끗한 환경 보

전 ▲ 삶의 질을 향상하는 경제 성장 ▲ 인권 보호와 남북 평화 *구축 ▲ 지구촌 협력 같은 5대 전략을 세웠답니다. 이를 실천하기 위한 목표와 계획들을 정해 정부 기관을 포함한 지방 자치 단체와 시민 단체, 전문가, 이해 관계자 그룹 등 다양한 집단에서 노력하고 있어요.

실제로 2021년에 가수 방탄소년단(BTS)은 국제 연합 총회에서 '미래 세대와 문화를 위한 대통령 특별 사절'로 문재인 대통령과 지속 가능 발전 목표 회의 행사에 참여했어요. 이 자리에서 지속 가능 발전 목표는 현재 세대와

✱ **포용** 남을 너그럽게 감싸 주거나 받아들인다는 말이에요.
✱ **구축** 체제나 체계 같은 것을 세운다는 말이에요.

미래 세대 간의 균형을 맞추고 모두가 공평한 혜택을 누리기 위한 공동의 목표로, 자신들의 활동 역시 미래 세대와 현재 세대를 연결하는 역할이라며 지속 가능 발전 목표의 중요성과 실천에 대해 강조했어요.

지속 가능 발전 목표는 '지속 가능한 발전'을 위한 세계의 약속이에요. 미래 세대의 필요를 충족시킬 수 있으면서 오늘날의 필요도 충족시키고 사회와 경제 발전과 더불어 환경 보호를 함께 이루는 미래 지향적인 발전을 만들어가는 것이지요. 이를 이루기 위해 전 세계 시민들과 국가, 기업, 시민 단체가 모두 함께 지혜를 모아나가면 좋겠어요.

👍 **문해력 쏙쏙**

국제 연합에서는 지속 가능한 미래를 만들 수 있도록 17가지의 ㅈ ㅅ ㄱ ㄴ ㅂ ㅈ ㅁ ㅍ 를 발표했다.

문해력 튼튼

● 다음 글을 읽고, 질문에 답해 보세요.

우리가 고래를 보호해야 하는 이유

고래는 아주 먼 옛날부터 인류와 함께해 왔습니다. 울산에 있는 반구대암각화를 보면, 한반도 근처 바다에도 다양한 고래가 살았고 그 당시 사람들이 고래 사냥을 했다는 역사적 사실도 살펴볼 수 있습니다. 이처럼 사람들은 오래전부터 고기나 기름을 얻기 위해 고래를 사냥했습니다. 하지만 20세기 들어 세계 여러 나라에서 고래를 마구 사냥한 탓에 고래의 수가 급격히 줄었습니다. 그래서 1986년에 국제 포경 위원회(IWC)는 상업적인 목적에 따른 고래잡이를 금지했습니다. 실제로도 세계 자연 보호 기금(WWF)이 정한 멸종 위기종인 북대서양참고래는 300마리, 세계 자연 보전 연맹(IUCN)이 정한 멸종 위기종인 북방긴수염고래는 250여 마리 정도만 남았다고 합니다.

고래는 먹이 사슬에서 가장 높은 자리를 차지하면서 해양 생태계를 유지하는 데 중요한 역할을 합니다. 고래가 쏟아 내는 엄청난 양의 배설물은 해양 생물에게 인, 질소, 철분 등 풍부한 영양분을 제공합니다. 고래가 죽은 후 분해되면서 나오는 유기물도 영양분 역할을 하고 뼈는 다른 생물의 서식지로 이용되기도 합니다.

고래는 지구 온난화 현상을 낮추고 기후 위기를 막고 있습니다. 고래 한 마리는 평생 동안 평균 33톤 가량의 이산화탄소를 흡수합니다. 국제 통화 기금(IMF)은 이 가치를 약 25억 원 이상으로, 바다에 살고 있는 고래 전체의 가치를 약 1200조 원 이상으로 추정하고 있답니다. 산소를 생산하는 식물성 플랑크톤의 성장을 돕는 고래가 멸종하거나 사라지면 해양 생태계 파괴는 물론이고 지구 온난화 현상을 더욱 부채질할 수도 있습니다.

우리가 고래를 보호해야 할 이유는 단지 고래가 멸종 위기종이기 때문이라는 도덕적 가치에만 있는 것은 아닙니다. 지구 온난화 현상으로 인한 기후 변화를 막아 미래 세대의 인류 생존에 기여하고, 인간이 고래를 비롯한 다른 생명체와 같이 지구에 공존하기 위해 필요한 것입니다. 해양 생태계는 이미 쓰레기로 몸살을 앓고 있습니다. 쓰레기가 너무 많아서 고래를 포함한 다양한 해양 생물이 생존에 큰 위협을 받고 있습니다. 결국 고래가 바다에서 사라지게 된다면, 그 바다가 여전히 인간에게 쓸모 있고 유용할지 고민해 보아야 합니다. 무엇보다 고래가 지구상에서 사라진다면 인간 역시 지구상에서 사라지지 않을 거라고는 보장을 할 수 없다는 점을 되새겨 보아야 합니다. 1986년 국제 포경 위원회에서는 고래 사냥을 금지한 까닭도 여기에 있습니다.

● 세계 여러 나라에서 고래 사냥을 금지시킨 이유는 무엇 때문일까요?

한눈에 읽는 개념 지도

독도

독도를 지킨 사람들
안용복, 독도의용수비대

독도의 중요성
동해의 중심에 위치하고, 다양한 자원이 있어요.

가스 하이드레이트   망간단괴

한반도의 미래와 통일

한반도의 상황과 미래 평화통일

남한과 북한이 분단 되어있기 때문에 군사비도 많이 필요하고, 이산가족처럼 사회적인 문제도 있어요.

통일 한국의 미래와 지구촌의 평화

남북 통일을 위해 단일팀을 만들거나 다양한 교류를 하고 있어요.

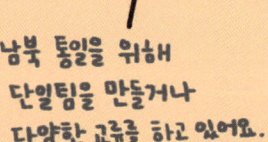

남북한이 통일을 이루면 아시안 하이웨이를 통해 유럽으로도 갈 수 있어요.

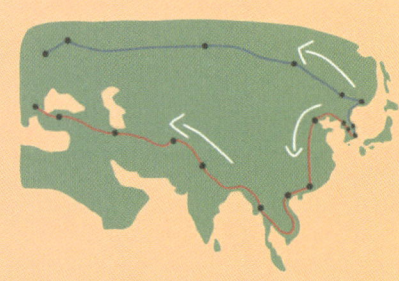

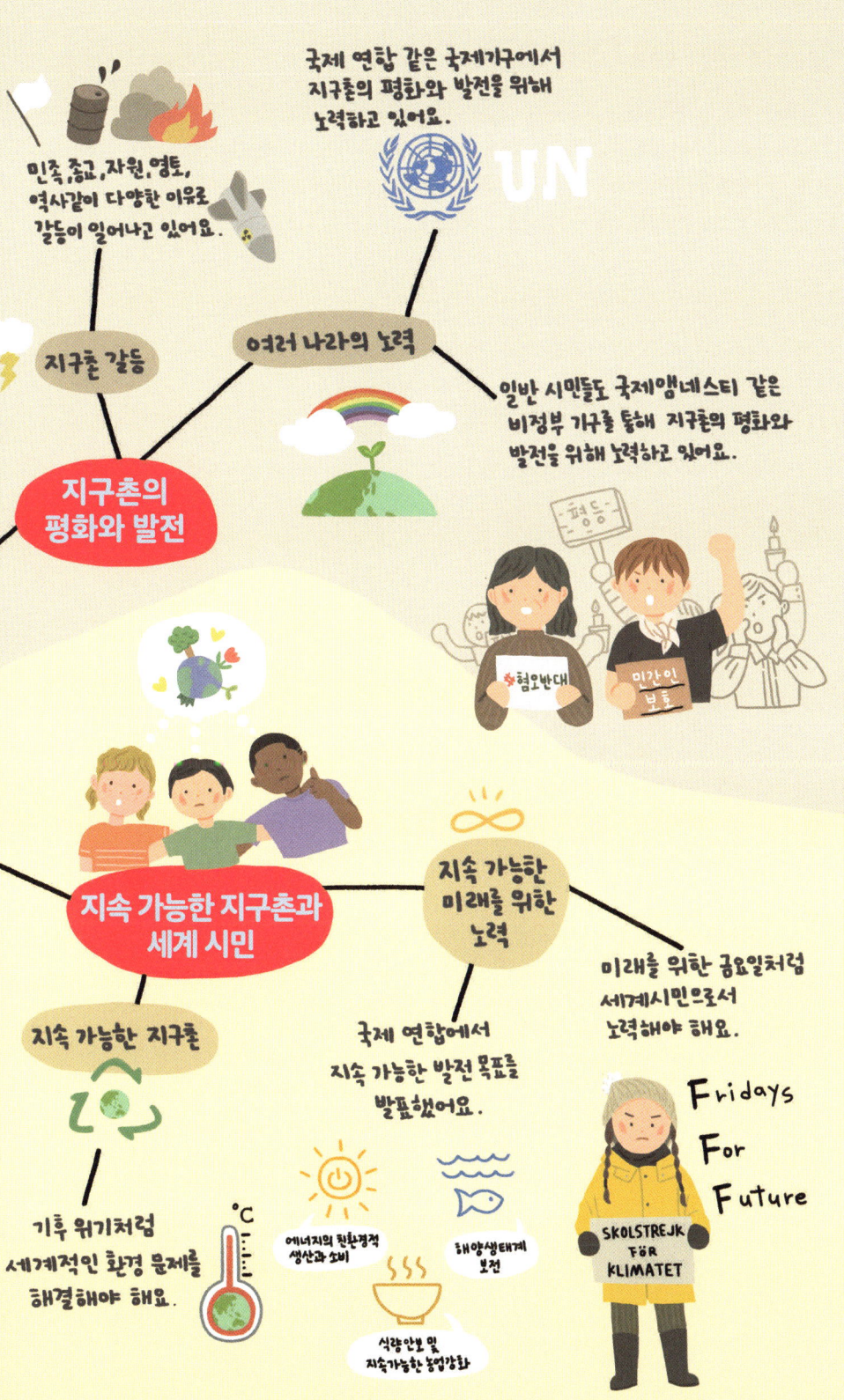

문해력 쏙쏙 모아 보기

> 앞에서 읽었던 내용을 떠올리며, 빈칸에 들어갈 개념들을 떠올려 보세요. 기억이 잘 나지 않을 때는 옆에 적힌 쪽에서 힌트를 얻을 수도 있어요.

- 지구의 모습을 알기 쉽게 만든 도구로는 ○○○ 과 ○○○○ 가 있다. ○○○ 와 ○○ 는 지구에서 어떤 곳의 위치를 정확하게 나타내기 위해 사람들이 정한 주소 같은 것이다. ▶ 21쪽

- 땅덩어리가 그린란드보다 넓으면 ○○○, 좁으면 섬이라고 한다. 지구에는 아시아, 유럽, 아프리카, 오세아니아, 북아메리카, 남아메리카 ○○○ 이 있다. ▶ 26쪽

- 바다 중에서 큰 바다들을 꼽아 5○○ 이라고 하는데, 태평양, 대서양, 인도양, 북극해, 남극해가 있다. ▶ 31쪽

- 세계에서 면적이 가장 넓은 나라는 ○○○ 이다. 싱가포르처럼 면적이 좁고 도시 자체가 나라인 곳은 ○○○○○ 라고 한다. ▶ 35쪽

- 나라의 모양은 칠레처럼 ○○○○○ 의 영향을 받아 결정되는 경우도 있고, 미국과 캐나다 사이의 ○○○○ 처럼 자연환경과는 상관없이 사람들이 정하는 경우도 있다. ▶ 39쪽

- ○○ 에 따라 날씨가 다르게 나타나는 이유는 지구가 똑바로 서 있지 않고, 23.5° 정도 기울어 있는 상태로 태양 주변을 돌기 때문이다. ▶ 52쪽

- 세계의 ○○○ 는 그 특징에 따라 열대 기후, 건조 기후, 온대 기후, 냉대 기후, 한대 기후, 고산 기후로 나눈다. ▶ 56쪽

- ○○○ 기후 지역은 주로 저위도 지역에서 나타나며, 일 년 내내 매우 덥고 강수량이 많은 지역이다. ○○○ 기후 지역은 위도 20°~40° 부근에서 주로 나타나며, 비가 거의 오지 않는 지역과 비

200

가 어느 정도 내려 초원을 이루는 지역으로 나뉜다. ▶ 62쪽

● ⬤⬤ 기후 지역은 온도와 강수량이 적당해서 예로부터 농업이 크게 발달했다. ⬤⬤ 기후 지역은 겨울이 길어 농사를 짓기가 어렵지만, 여름에 밀이나 감자, 옥수수 같은 작물을 기르고 임업이 발달했다. ⬤⬤ 기후 지역은 일 년 내내 춥기 때문에 동물이나 식물이 살기 어려운 환경이다. ▶ 69쪽

● 우리나라의 한복이나 케냐의 시카, 인도의 사리 같이 세계 여러 나라의 ⬤⬤ 은 그 지역의 자연환경과 종교, 풍습 같은 인문환경의 영향을 받았다. ▶ 73쪽

● 세계 여러 나라의 식생활은 그 나라의 자연환경뿐만 아니라 종교, 풍습 같은 ⬤⬤ 의 영향을 많이 받는다. ▶ 77쪽

● 세계 여러 나라의 가옥 형태는 주로 ⬤⬤⬤ 의 영향을 많이 받았다. ▶ 80쪽

● ⬤⬤ 는 다양한 자연환경뿐만 아니라 인문환경의 영향을 받아 더욱 다양한 모습으로 나타난다. 따라서 서로 다른 ⬤⬤ 를 이해하고 존중할 수 있어야 한다. ▶ 85쪽

● 우리나라의 동쪽에 있는 ⬤⬤ 은 태평양과 인접한 나라로, 크고 작은 섬들로 이루어져 있다. ⬤⬤ 은 우리와 마찬가지로 지하자원이 풍부하지 않아서 원료를 외국에서 들여와 물건을 만들어 파는 공업이 발달했다. ▶ 97쪽

● 우리나라의 북쪽에는 ⬤⬤⬤ , 서쪽에는 ⬤⬤ 이 있다. 세계에서 국토가 가장 넓은 ⬤⬤⬤ 는 사람들 대부분이 우랄 산맥 서쪽인 유럽 지역에 살고 지하자원이 풍부하다. 세계에서 인구가 가장 많은 ⬤⬤ 은 농업부터 공업, 첨단 산업까지 다양한 산업이 발달했다. ▶ 102쪽

● 우리나라는 이웃 나라들과 경제부터 문화, 지식까지 다양한 ⬤⬤ 를 하고 있다. 또한 자연재해

- 같이 큰 피해를 입었을 때는 서로 돕고 세계적인 문제를 해결하기 위해 ○○하기도 한다. ▶ 112쪽

- 우리나라와 이웃하지는 않았지만 다양한 분야에서 교류하는 나라로는 ○○, ○○ 같은 나라들이 있다. 북아메리카에 위치한 ○○은 다양한 산업이 발달해 있어 우리나라와 다양한 상품을 무역을 통해 교류하고 있다. 동남아시아에 위치한 ○○은 한류가 유행하고 있고 우리나라 사람들이 관광을 많이 가는 나라이기도 하다. ▶ 117쪽

- ○○는 울릉도와 함께 삼국 시대부터 역사적으로 명백히 우리 영토이다. 지금은 '○○ 천연 보호 구역'으로 지정하여 보호하고 있다. ▶ 134쪽

- 독도는 지리적으로 ○○를 통한 바닷길에서 중요한 위치에 있다. 독도 주변 바다는 다양한 해산물을 잡을 수 있는 ○○○이고, 해저에는 가스 하이드레이트라는 중요한 ○○이 매장되어 있다. ▶ 139쪽

- 남북한이 ○○되었기 때문에 경제적으로나 사회적으로 여러 가지 어려움을 겪고 있다. ▶ 143쪽

- 남북한이 관계를 회복하여 ○○○○○가 연결되면 우리도 비무장 지대를 가로지르며 대륙으로 열린 길을 이용해 세계로 뻗어나갈 수 있다. ▶ 147쪽

- 올림픽 같은 국제 대회에서 함께 입장하거나 단일팀을 만들면 그 호칭을 ○○로 하고 국기 대신 한반도기를 쓴다. ▶ 152쪽

- ○○○은 지구에 마을 촌(村)을 붙인 말로 전 세계가 하나의 마을 같다는 뜻이다. 세계가 한 마을처럼 되면서 좋아진 점도 있지만 국가나 지역 사이에 갈등이나 전쟁도 일어나고 있다. ▶ 162쪽

- ◯◯◯◯ 은 지구의 평화와 안전 유지, 국제 협력을 달성하기 위하여 만든 국제 평화 기구이다. 세계 보건 기구(WHO)를 비롯해 국제 노동 기구(ILO), 국제 연합 아동 기금(UNICEF) 같은 여러 기구를 만들어 함께 활동하고 있다. ·· ▶ 167쪽

- 국제앰네스티는 평화를 만들기 위해 정부 사이의 협정이 아니라 일반 시민들이 협력하여 설립한 ◯◯◯◯ 중 하나이다. ·· ▶ 172쪽

- 최근 전 세계적으로 ◯◯◯◯◯◯ 등으로 인한 ◯◯◯ 로 산불, 가뭄, 수몰 등 자연 재해가 자주 발생하고 있다. ·· ▶ 182쪽

- 지구의 미래를 위한 ◯◯ 들의 실천뿐 아니라 ◯◯ 과 ◯◯ 도 함께 노력해야 한다. ·· ▶ 189쪽

- 국제 연합에서는 지속 가능한 미래를 만들 수 있도록 17가지의 ◯◯◯◯◯◯◯ 를 발표했다. ·· ▶ 194쪽

찾아보기

ㄱ-ㄷ

가스 하이드레이트 ... 136
건조 기후 ... 54
건조 기후 지역 ... 59
경도 ... 20
계절 ... 48
고산 기후 ... 55
고상 가옥 ... 79
과학 기지 ... 68
교류 ... 92
국경선 ... 38
국제 연합 ... 163
국제기구 ... 117
국제앰네스티 ... 170
군사비 ... 142
그린란드 ... 33
기업 ... 186
기후 ... 48
기후 난민 ... 179
기후 변화 ... 178
기후 협약 ... 166
남극해 ... 30
남반구 ... 19

남북 분단 ... 142
남아메리카 ... 26
남위 ... 19
남한 ... 140
냉대 기후 ... 55
냉대 기후 지역 ... 65
대륙 ... 23
대서양 ... 29
대양 ... 27
도시 국가 ... 34
독도 ... 128
독도는 우리 땅 ... 138
독일 ... 148
동해 ... 136

ㄹ-ㅅ

러시아 ... 98
무역 ... 109
문자 ... 103
문화 ... 81
문화 교류 ... 110
미국 ... 114
미얀마 ... 168

반도 국가	140
베트남	115
북극해	30
북반구	19
북아메리카	26
북위	19
북한	140
분단	140
브라질	34
비무장 지대	142
비정부 기구	170
사막	60
사바나	59
사우디아라비아	116
38도선	149
세계 지도	15
수상 가옥	79
시민 단체	171
식민지	39
식생활	74

ㅇ-ㅈ

아시아	24
아시안 하이웨이	144
아프리카	25
어린이어깨동무	171
열대 기후	53
열대 기후 지역	57
열대 우림	57
영유권	133
오세아니아	25
오스트레일리아	33
온대 기후	54
온대 기후 지역	63
왜곡	18
위도	19
위치	49
유럽	24
유목 생활	62
6·25 전쟁	140
의생활	71
의식주	70
이산가족	142
이스라엘	159
인도양	29
일본	95

205

자연환경	38	코리아	151
자원	137	태양 에너지	50
자정 능력	181	태평양	27
적도	19	통일	142
전통 의상	71	팔레스타인	159
젓가락	105	평화 협정	143
정부	186	학교	186
정상 회담	112	한대 기후	55
정전 협정	140	한대 기후 지역	66
제2차 세계 대전	148	한류	116
주생활	78	한자	103
중국	99	한자 문화권	103
중위도	49	해발 고도	55
지구 온난화 현상	178	화전 농업	58
지구본	14	황금 어장	136
지구촌	158	휴전선	149
지속 가능 발전 목표	191		

ㅊ-ㅎ

칠레	36
초원	61
카슈미르	161
코로나바이러스감염증-19	159

출처 및 참고 자료

- 40쪽 〈자로 잰 듯 반듯한 아프리카 국경선에 숨겨진 '슬픈 이야기'〉, 《동아일보》, 2022년 7월 22일.
- 86쪽 반크, 〈아무리 중국 문화로 포장해도 부채춤은 한국 문화입니다〉.
- 118쪽 〈유엔 "우크라 전쟁, 전세계 107개국 17억명 생활 위협"〉, 《내일신문》, 2022년 4월 15일.
- 138쪽 박문영, 〈독도는 우리 땅〉, 1982.
- 139쪽 박문영, 〈독도는 우리 땅 30년〉, 2012.
- 141쪽 김민기, 〈작은 연못〉, 1972.
- 153쪽 《선생님 평화가 뭐예요》, 철수와영희, 2022.
- 173쪽 《선생님, 코로나19가 뭐예요?》, 철수와영희, 2020.

초등 사회 진짜 문해력 6-2

초판 1쇄 발행 2023년 2월 10일

지은이 • 배성호 곽혜송 신봉석 이우철
그린이 • 신이랑 제이비한
펴낸이 • 강일우
편집 • 김용희
조판 • 이츠북스
펴낸곳 • (주)창비교육 | 등록 • 2014년 6월 20일 제2014-000183호 | 제조국 • 대한민국
주소 • 04004 서울특별시 마포구 월드컵로12길 7
전화 • 1833-7247 | 팩스 • 영업 070-4838-4938 편집 02-6949-0953
홈페이지 • www.changbiedu.com | 전자우편 • contents@changbi.com

ⓒ 배성호 곽혜송 신봉석 이우철 2023
ISBN • 979-11-6570-191-8 73300

* KOSCAP 승인 필 * KOMCA 승인 필
* 이 책 내용의 전부 또는 일부를 재사용하려면 반드시 저작권자와 (주)창비교육 양측의 동의를 받아야 합니다.
* 책값은 뒤표지에 표시되어 있습니다. * KC마크는 이 제품이 공통안전기준에 적합하였음을 의미합니다.